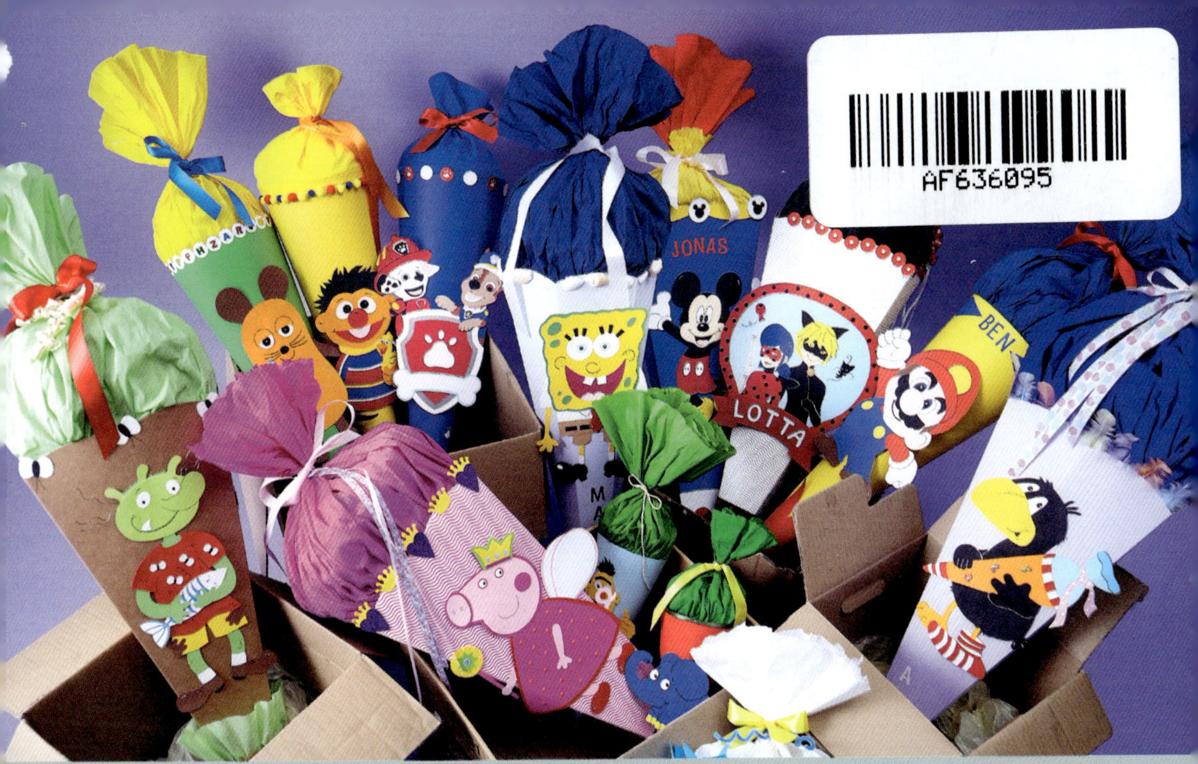

Herzlich willkommen zu diesem besonderen Buch!

Haben Sie früher auch Ihre Helden aus dem Fernsehen gehabt, genau wie Ihre Kinder jetzt? Und hätten Sie diese Helden nicht auch gern zur Einschulung als Schultüte bekommen?

Lassen Sie diesen Kindertraum wahr werden und machen Sie den allerersten Schultag zu etwas ganz Besonderem! Hier finden Sie nicht nur 22 tolle Motive, die Sie mit den Vorlagen leicht selbst gestalten können, sondern auch sechs kleinere Motive für die Geschwister, die noch zu klein sind für die Schule.

Mit den Ideen zur Befüllung können Sie eine Schultüte voller Überraschungen, kleiner Geschenke und besonderer Kleinigkeiten individuell für Ihr Kind zusammenstellen.

Lassen Sie sich von den bunten Motiven verzaubern und tauchen Sie ein in die wunderbare Welt der Figuren der Kindheit. Wir wünschen Ihnen und Ihrem Kind viel Spaß beim Aussuchen eines Motivs, viel Freude beim Basteln und einen unvergesslich schönen ersten Schultag.

Ihre Anja Ritterhoff

Hundepolizei

hier wird alles gut überwacht

MOTIVGRÖSSE
29 cm x 25 cm

MATERIAL

* Fotokarton in Weiß und Rot, A4
* Fotokartonreste in Gelb, Rosa, Hellblau, Dunkelblau, Hellbraun, Rotbraun, Grau und Schwarz
* Lackstift in Weiß
* Edding in Weiß
* Fineliner in Schwarz
* Abstandspads
* Motivlocher Kreis, ø 2 cm
* Heißkleber
* Schultütenrohling in Blau mit Filzmanschette, 70 cm hoch
* Schleifenband in Rot, 2,5 cm breit, 70 cm lang

VORLAGE
Bogen C

1 Alle Motivteile nach der Grundanleitung auf Fotokarton übertragen und mit einer Schere zuschneiden. Schultütenspitze in Weiß, 21 cm hoch, anfertigen.

2 Das rote Wappen auf das graue Wappen und dieses auf das weiße kleben. Den weißen Knochen auf den hellblauen Knochen kleben und dann unten auf dem Wappen befestigen.

3 Für den weißen Hund den schwarzen Streifen auf den roten Körper kleben, dann den Körper hinter das Wappen kleben. Den roten Pullover mit Orden und Schulterklappe schmücken.

4 Den Hals hinter den Pullover kleben und darauf den Kopf befestigen. Auf das rechte Ohr das rosa Innenohr kleben und dann hinter dem Kopf befestigen.

5 Den roten Helmrand so aufkleben, dass er rechts mit der Spitze hinter dem Ohr liegt. Auf der rechten Seite das Ohr auf den Helmrand kleben.

6 Das Helmwappen mit dem Pfotenmotiv zusammensetzen. Auf die Helmvorderseite kleben, dann auf dem Helm befestigen. Alles zusammen hinter den Helmrand kleben.

7 Das Ohr mit schwarzen Flecken bestücken und Augen, Schnauze und Mund aufkleben.

8 Für den braunen Hund den Rücken hinter den blauen Pullover unten kleben und beides hinter dem Wappen befestigen. Oben hinter den blauen Pullover das rotbraune linke Bein kleben. Dann den Pullover auf dem Wappen befestigen.

9 Das zweite rechte Bein mit einem Abstandspad halb auf dem Pullover und halb auf dem Wappen aufkleben. Beide hellbraunen Vorderpfoten anbringen.

10 Den weißen Kragen und das Sternwappen auf dem Pullover aufkleben.

11 Den hellbraunen Hals auf den rotbraunen Rücken kleben, dann alles oben hinter den Pullover kleben.

12 Das hellbraune Gesicht auf den rotbraunen Kopf kleben. Die Augen zusammensetzen und mit Schnauze und Mund auf das Gesicht kleben.

13 Das rosa Ohr befestigen. Erst den gelben, dann den weißen Rand auf die Mütze kleben und diese oben auf den Kopf setzen, sodass sie hinter dem rechten Ohr liegt.

14 Das zweite Ohr hinter die Mütze kleben.

15 Das fertige Motiv mit Heißkleber oben auf die Schultüte kleben.

16 Unten eine weiße Schultütenspitze anbringen und darüber mit einem weißen Edding Pfoten auf die Tüte malen.

17 Je 7 rote und weiße Kreise ausstanzen und die roten Kreise mit Pfötchen bemalen. Oben an den Filzrand kleben.

18 Die gefüllte Tüte mit rotem Schleifenband verschließen.

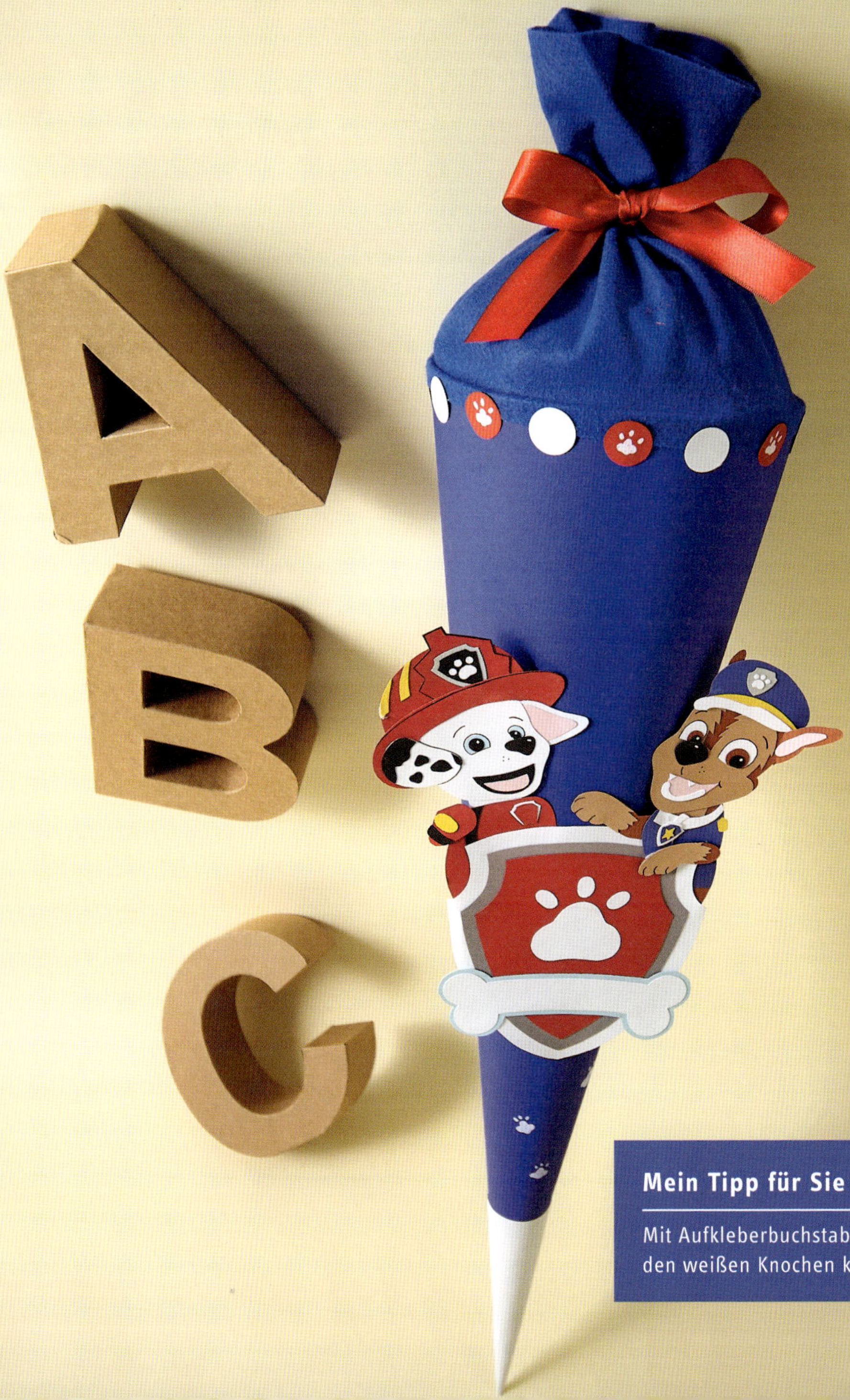

Mein Tipp für Sie

Mit Aufkleberbuchstaben den Namen in den weißen Knochen kleben.

Neugieriges Schweinchen

auf Abenteuersuche

MOTIVGRÖSSE
31 cm x 26 cm

MATERIAL

* Fotokarton in Rot und Pink, A3
* Fotokarton in Rosa, A4
* Fotokartonreste in Weiß, Gelb, Orange, Dunkelpink, Hellblau, Hellgrün und Schwarz
* Lackstift in Weiß
* Fineliner in Schwarz
* Lochzange
* Heißkleber
* Schultütenrohling in 3D-Wellpappe in Rosa, 68 cm hoch
* Krepppapier in Pink, 50 cm hoch, 2,50 m lang
* Schleifenband in Rosa, 1,5 cm breit, 2 m lang
* Schleifenband in Rosa, 4 mm breit, 1,5 m lang
* Schleifenband mit Punkten, 1 cm breit, 1,5 m lang
* Motivlocher „Krone", 3,5 cm breit
* Glitzerpapier in Lila, A4

VORLAGE
Bogen C

1 Alle Motivteile nach der Grundanleitung auf Fotokarton übertragen und mit einer Schere zuschneiden. Schultütenspitze à 20 cm aus Glitzerpapier anfertigen.

2 Zuerst das pinke Kleid auf das rote Kleid kleben. Nun den rosa Kopf auf den pinken Kopf kleben. Die rosa Schnauze auf die pinke kleben und die Schnauze dann vorne aufs Gesicht kleben. Nun den Kopf auf dem Kleid platzieren.

3 Die beiden weißen Flügel auf die rosa Flügel kleben und beide hinter dem Rücken befestigen.

4 Den Schwanz hinter das Kleid kleben. Die roten Schuhe auf die Beine kleben und ebenfalls unten hinter das Kleid kleben.

5 Die weißen Augen auf die pinken Augen kleben. Mit der Lochzange die Pupille ausstanzen und auf die weißen Augen kleben. Die fertigen Augen aufs Gesicht kleben.

6 Die Wange aufs Gesicht kleben und Mund und Nasenlöcher mit Fineliner aufmalen.

7 Die Krone zusammensetzen, indem die gelbe Krone auf die hellgrüne geklebt wird. Unten den dunkelpinken Streifen ansetzen und die Krone mit hellblauen Punkten verzieren. Die Krone oben auf den Kopf kleben.

8 Einen Arm auf das Kleid kleben und den zweiten hinter das Kleid. Mit der Lochzange kleine Punkte aus dem orangenen Fotokarton ausstanzen und diese auf das Kleid aufkleben.

9 Den Zauberstabstiel auf den Arm kleben und die Hand darüber befestigen. Oben den gelben Kreis ergänzen und darauf den grünen Zackenkreis mit einem hellblauen Kreis aufkleben. Nun einen pinken Kreis mit einem weißen Lackstiftpunkt hinzufügen.

10 Mit einem Lackstift Lichtpunkte auf die Schuhe setzen.

11 Das Krepppapier in die Schultüte kleben. Die Spitze ankleben.

12 8 Glitzerherzen anfertigen und unten auf die gelben Kronen kleben. Abwechselnd mit den gelben Kronen ohne Herz an den Schultütenrand kleben. Eine gelbe Krone unten auf die Spitze kleben.

11 Das Motiv mit Heißkleber auf die Schultüte setzen.

14 Die Schultüte füllen und mit den drei Bändern verschließen.

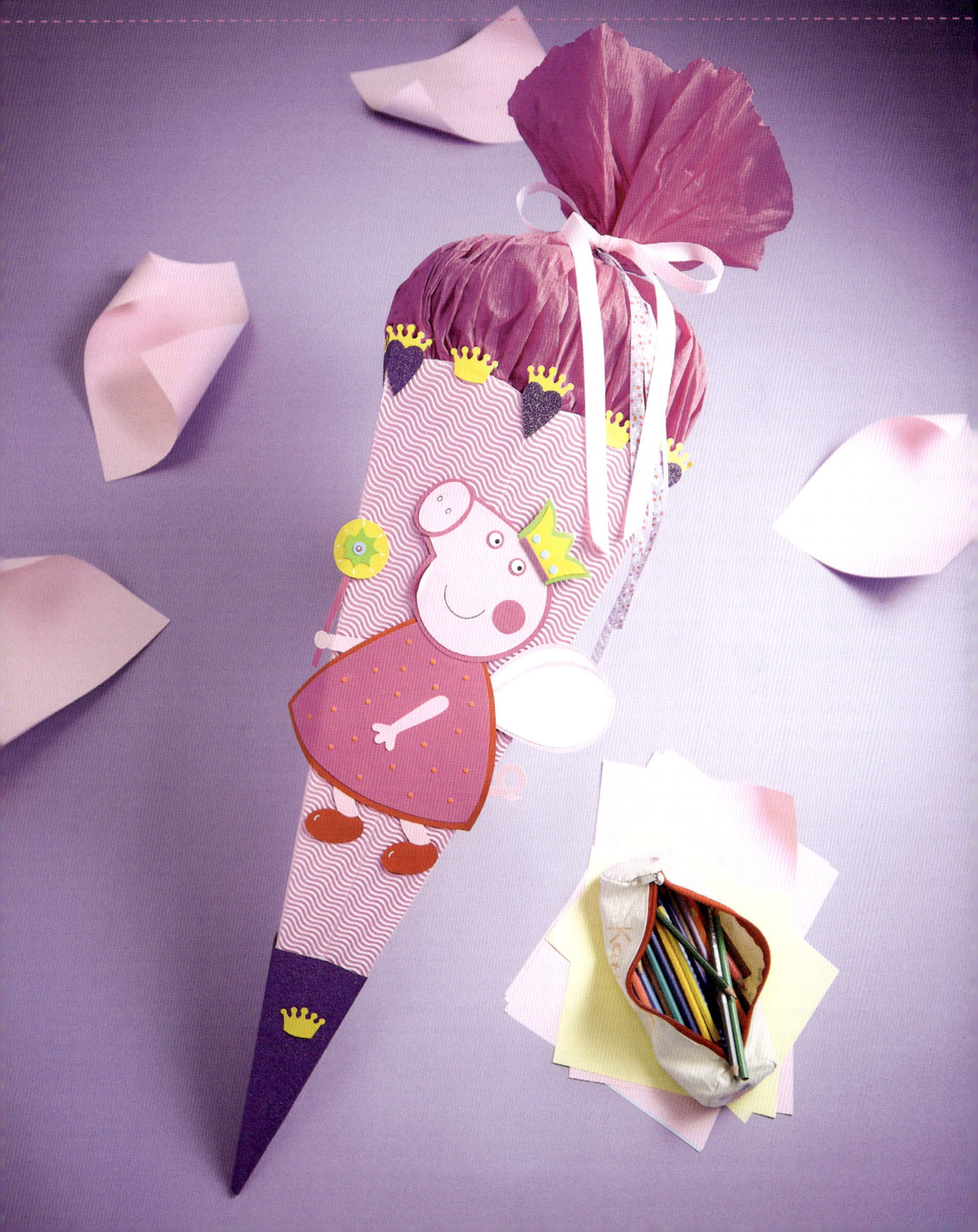

Feuerwehrmann

Retter in der Not

MOTIVGRÖSSE
21 cm x 21 cm

MATERIAL

* Fotokarton in Rot und Hellblau, A3
* Fotokartonreste in Weiß, Creme, Gelb, Helltürkis, Braun, Schwarz und Gold
* Buntstift in Hellbraun und Rot
* Filzstift in Hellblau
* Lackstift in Weiß
* Fineliner in Schwarz
* Lochzange
* Heißkleber
* Schultütenrohling in 3D-Wellpappe, 68 cm hoch
* Krepppapier in Weiß, 50 cm hoch, 2,5 m lang
* Krepppapier in Hellblau, 40 cm hoch, 2,5 m lang
* Schleifenband in Rot, 1,5 cm lang, 2 cm breit

VORLAGE
Bogen D

1 Alle Motivteile nach der Grundanleitung auf Fotokarton übertragen und mit einer Schere zuschneiden. Eine Spitze in Rot à 20 cm anfertigen.

2 Das Motiv anfertigen und dann auf den Hintergrund kleben: Zuerst den Schlauch auf der blauen Uniform platzieren. Nun erst die linke Hand, dann das goldene Abzeichen und dann die rechte Hand auf den Schlauch kleben.

3 Nun den rechten Arm hinzufügen. Einen weißen Streifen und ein goldenes Abzeichen darauf kleben. Die Uniform mit drei weißen Knöpfen verzieren.

4 Oben hinter der Uniform den Hals ankleben.

5 Nun den Kopf gestalten: Zuerst rechts und links die Haare anfügen, wobei die rechte Kotelette über dem Ohr liegt. Jetzt die beiden schwarzen Riemen platzieren: den rechten auf dem Kopf und den linken hinter dem Kopf.

6 Den gelben Helm oben auf den Kopf setzen und das helltürkise Innenteil des Helmes hinter dem Kopf befestigen.

7 Den Kopf auf den Hals kleben und diesen hinter der Uniform platzieren. Mit Fineliner Augen, Nase, Augenbrauen und Mund aufmalen. Die Gesichtselemente mit Buntstiften ausmalen. Dabei die Augen und die Zähne mit weißem Lackstift gestalten. Die Iris mit einem hellblauen Filzstift aufmalen.

8 Alle restlichen Linien mit einem schwarzen Fineliner aufmalen.

9 Das Motiv auf den hellblauen Hintergrund kleben und den roten Rand ringsherum hinzufügen.

10 Erst das hellblaue Krepppapier einkleben und dann das weiße. Unten die rote Spitze ankleben.

11 Den Feuerwehrmann mit Heißkleber auf die Schultüte kleben.

12 Die Tropfen ringsherum auf die Schultüte kleben.

13 Die Schultüte füllen und mit dem roten Schleifenband verschließen.

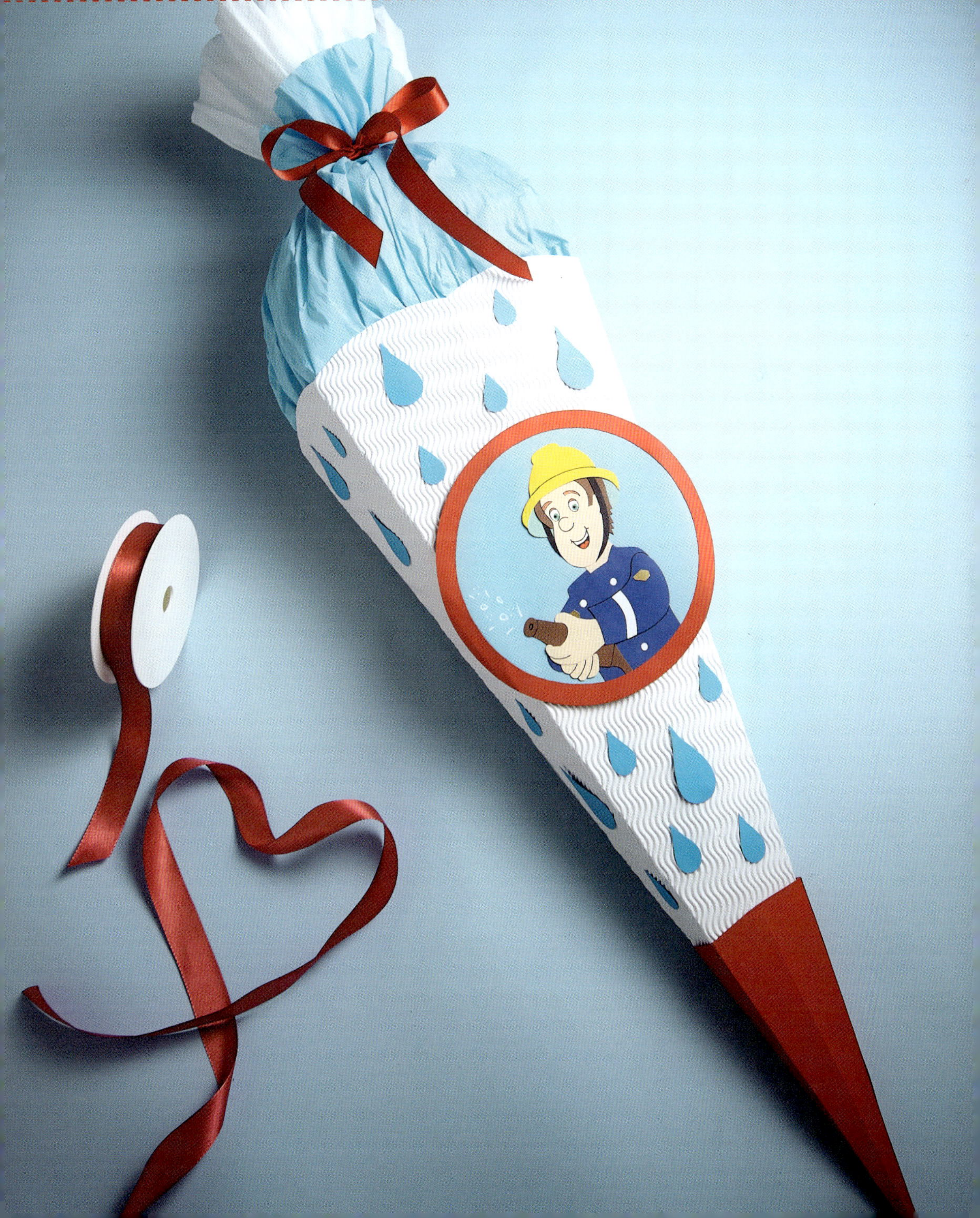

Superhelden-Duo

wir retten die Stadt

MOTIVGRÖSSE
26 cm x 27 cm

MATERIAL

* Fotokarton in Rot und Hellblau, A3
* Fotokartonreste in Weiß, Creme, Gelb, Zitronengelb, Hellblau, Dunkelblau, Grau, Schwarz und Gold
* Buntstift in Rosa und Rot
* Lackstift in Weiß
* Fineliner in Schwarz
* Locher
* Motivlocher Kreis, ø 2,3 cm
* Lochzange
* Heißkleber
* Schultütenzuschnitt aus 3D-Wellpappe in Weiß, 68 cm hoch
* Krepppapier in Schwarz, 40 cm hoch, 1,40 cm lang
* Bastband in Weiß, 1 cm breit, 2 m lang
* Kräuselband in Rot, 5 mm breit, 3 m lang

VORLAGE
Bogen A, B

1 Alle Motivteile nach der Grundanleitung auf Fotokarton übertragen und mit einer Schere oder Silhouettenschere zuschneiden. Alle 46 schwarzen Punkte mit dem Locher ausstanzen. Bei den Gesichtsmasken die Augen mit einem Cutter ausschneiden. Schultütenspitze in Schwarz à 20 cm anfertigen.

2 Für die Augen beider Figuren: Die hellblaue Iris auf die weißen Augen kleben. Die gelben Augen auf die zitronenfarbenen Augen kleben. Dann die schwarze Pupille jeweils darauf befestigen. Einen Lichtpunkt mit einem weißen Lackstift setzen. Jetzt die Augen hinter die jeweilige Maske kleben.

3 Den roten Rand auf den hellbauen Hintergrund kleben.

4 Den Eiffelturm links auf den Hintergrund kleben. Die Figuren fertig basteln und dann erst auf den Hintergrund kleben.

5 Für die Superheldin: Den Hals hinter den Körper kleben und oben den Kopf ergänzen. Die fertige Maske auf das Gesicht kleben und die Haare so befestigen, dass das Ohr ein Stück auf dem Haar liegt. Die beiden unteren Haarteile hinter den Kopf kleben.

6 Für den Superhelden: Den cremefarbenen Hals hinter das Kostüm kleben. Dann den Kopf auf den Hals kleben. Die fertige Maske im Gesicht befestigen und oben die Haare ergänzen. Beide Ohren hinter den Haaren anbringen. Die unteren Haare ergänzen.

7 Zuerst rechts den Superhelden auf den hellblauen Hintergrund kleben, dann links die Superheldin.

8 Das Schild mit dem gewünschten Namen bekleben. Die beiden Zacken rechts und links dahinter kleben und das Schild unten auf dem Motiv befestigen.

9 Zum Schluss alle schwarzen Punkte auf das Motiv kleben. Dabei manche Punkte dem Motiv anpassen und mit einer Schere abrunden.

10 Rechts und links die beiden Helferlein aufkleben.

11 Die Gesichter mit Fineliner aufmalen und die Helferlein verzieren. Die Wange der Superheldin mit rosa Buntstift aufmalen. Mit weißem Lackstift die restlichen Linien aufmalen.

14 Die Krepppapiermanschette einkleben und mit dem Motivlocher rote Punkte ausstanzen und um den Schultütenrand kleben. Die roten Kreise mit weißen Locherpunkten verzieren.

12 Das Motiv mittig mit Heißkleber auf die Schultüte kleben.

13 Unten die Schultütenspitze ankleben und mit roten Locherpunkten verzieren.

14 Die Tüte füllen und mit dem gekräuselten roten Band verschließen. Zum Abschluss noch das weiße Bastband anbringen.

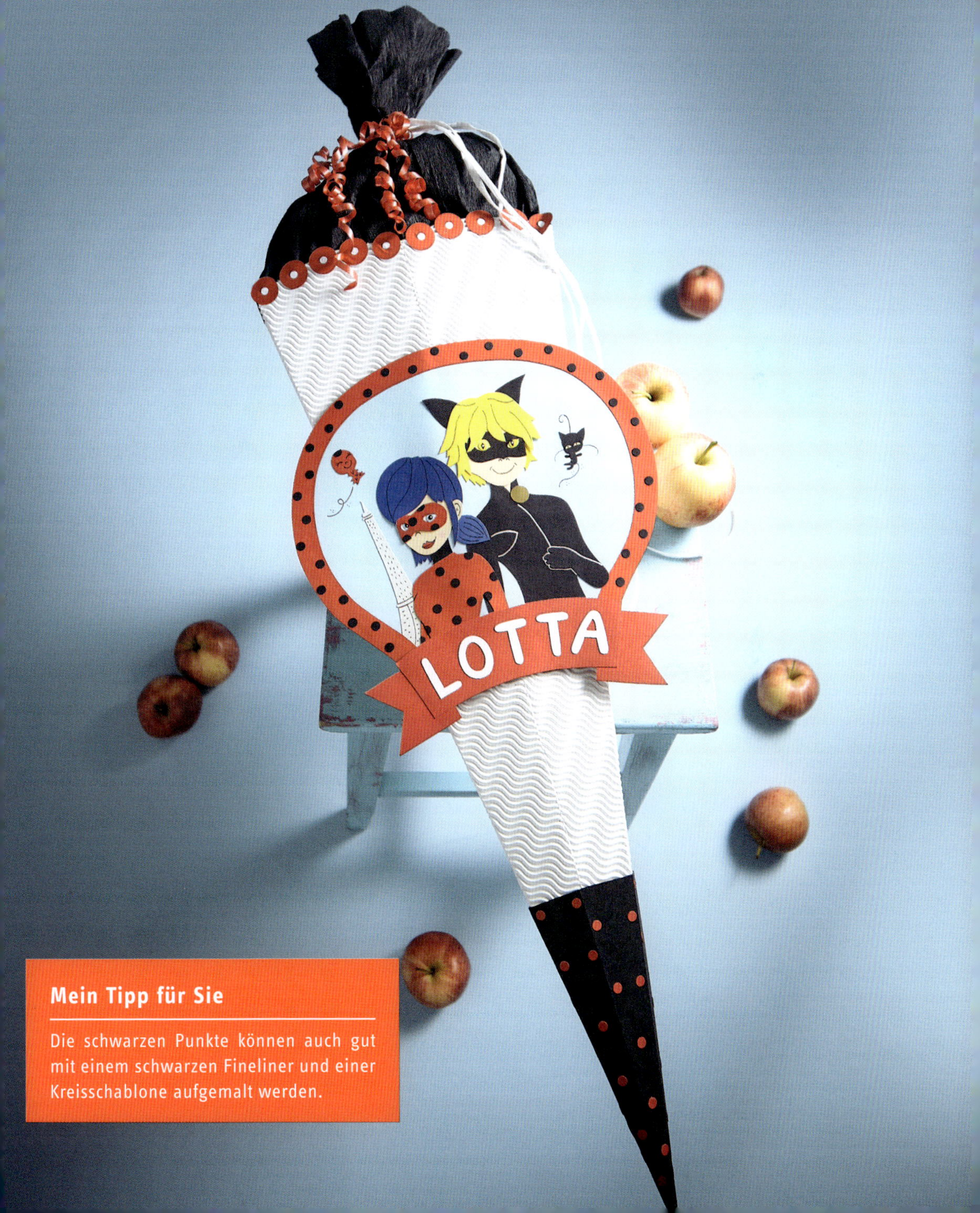

Mein Tipp für Sie

Die schwarzen Punkte können auch gut mit einem schwarzen Fineliner und einer Kreisschablone aufgemalt werden.

Kleiner Mützenmann

in weißen Strumpfhosen

MOTIVGRÖSSE
26 cm x 20 cm

MATERIAL
* Fotokarton in Weiß und Blau, A4
* Fotokartonreste in Rot, Dunkelblau und Schwarz
* Lackstift in Weiß
* Fineliner in Schwarz
* Locher
* Heißkleber
* Aufkleber-Buchstaben in Blau
* Schultütenrohling in Gelb, 70 cm hoch
* Krepppapier in Weiß, 50 cm hoch,1,50 cm lang
* Krepppapier in Blau, 50 cm hoch,1,50 cm lang
* Schleifenband in Hellblau mit Pünktchen, 1 cm breit, 60 lang
* Schleifenband in Gelb, 2,5 cm breit, 60 cm lang
* 2 Pfeifenputzer in Blau, 30 cm lang

VORLAGE
Bogen B

1 Alle Motivteile nach der Grundanleitung auf Fotokarton übertragen und mit einer Schere oder Silhouettenschere zuschneiden. Schultütenspitze in Weiß à 20 cm anfertigen.

2 Auf den blauen Oberkörper die weiße Hose mit dem Fuß aufkleben. Dann das linke Bein hinter die Hose kleben.

3 Die weiße Mütze oben auf das Gesicht kleben und die Augen zusammensetzen. Erst die blaue Iris auf die weißen Augen kleben, dann die schwarze Pupille darauf befestigen. Mit einem weißen Lackstift einen Lichtpunkt in die Pupille malen.

4 Die fertigen Augen aufs Gesicht kleben und die Nase ergänzen. Die Zunge auf den Mund kleben und diesen auf dem Gesicht platzieren.

5 Mit einem schwarzen Fineliner alle Linien einzeichnen.

6 Das blaue Krepppapier am unteren Rand auf das weiße Krepppapier tackern und in die Tüte kleben. Das blaue Krepppapier in Streifen schneiden.

7 Das blaue Schleifenband mit Klebestift an den Schultütenrand kleben.

8 Die Schultütenspitze in Weiß zusammenkleben und unten an der Schultüte anbringen. Mit blauen Locherpunkten verzieren.

6 Die Figur mit Heißkleber auf die Schultüte kleben. Den Namen mit Aufkleber-Buchstaben platzieren.

7 Die Tüte füllen und mit blauen Pfeifenputzern verschließen. Die Pfeifenputzer über einen Stift rollen. Dann eine gelbe Schleife zum Abschluss anbringen.

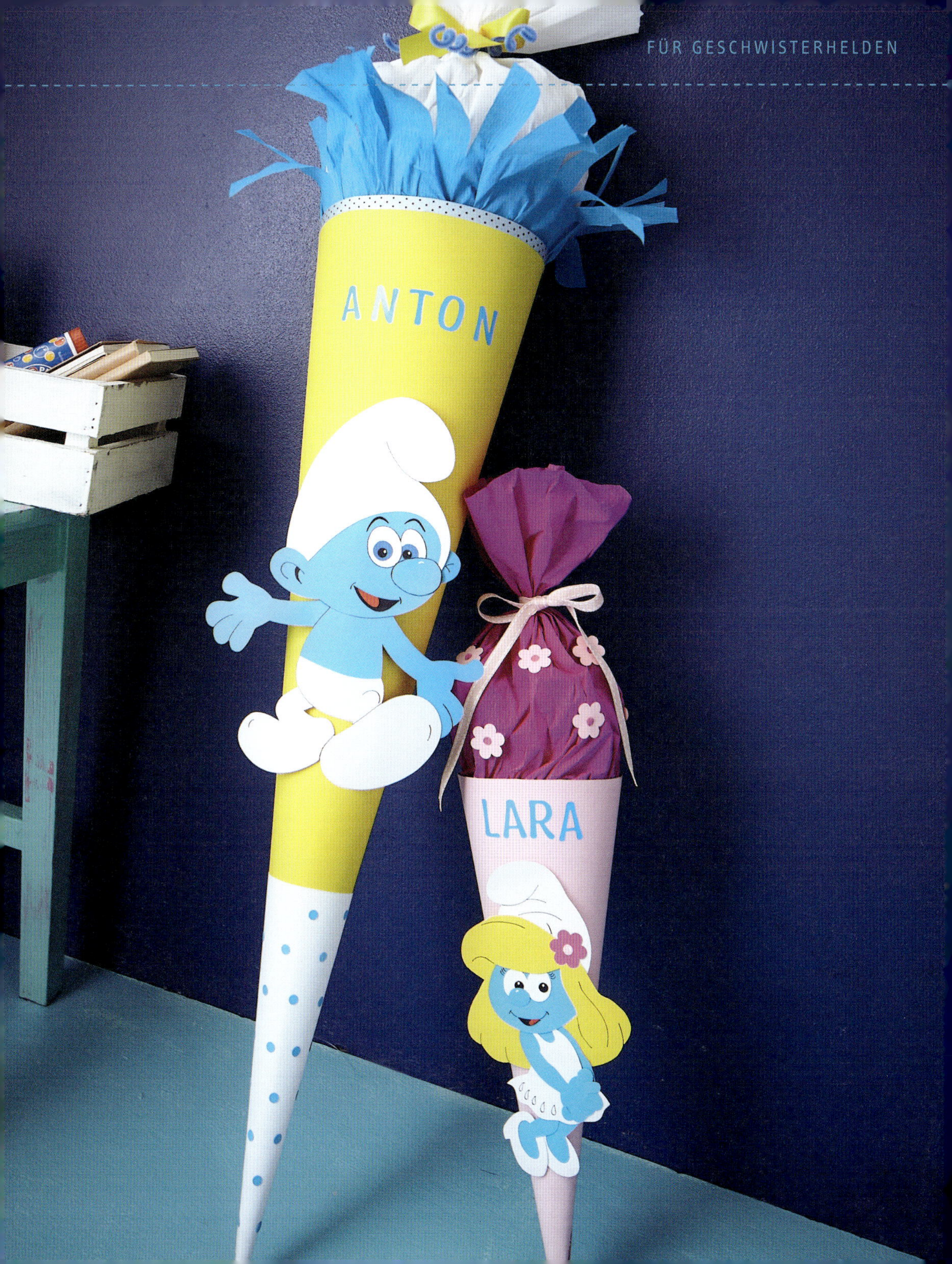
ANTON
LARA

Kleine Mützenfrau

mit weißen Strumpfhosen und Blume

MOTIVGRÖSSE
20 cm x 12 cm

MATERIAL

* Fotokarton in Rosa, A2
* Fotokartonreste in Weiß, Gelb, Rosa, Pink, Blau und Schwarz
* Lackstift in Weiß
* Fineliner in Schwarz
* Heißkleber
* Locher
* Motivlocher „Blume“, ø 2,5 cm
* Schleifenband in Rosa, 1 cm breit, 1 m lang

VORLAGE
Bogen A

Mein Tipp für Sie

Sie können die Größen der Tüten natürlich auch tauschen! Machen Sie dann vielleicht noch eine pinkfarbene Spitze.

1 Alle Motivteile nach der Grundanleitung auf Fotokarton übertragen und mit einer Schere oder Silhouettenschere zuschneiden. Für den vorderen Schuh das Oval auscutten.

2 Zuerst die Beine anfertigen: Den vorderen Fuß von hinten in den weißen Schuh schieben. Den zweiten Schuh auf den Fuß kleben. Beide Beine hinter dem Kleid arrangieren.

3 Das Kleid zwischen Arm und Oberkörper schieben. Nun die Finger anordnen: Die Spitzen vom Daumen und vom Zeigefinger hinter die Hand kleben und die Finger an der Hand befestigen. Die beiden anderen Finger auf die Hand kleben.

4 Die Augen mit der Pupille bekleben und auf das Gesicht kleben. Dann die Nase hinzufügen. Den Mund mit der roten Zunge platzieren.

5 Die Haare an der gestrichelten Linien eincutten. Nun den fertigen Kopf hinter die eingecutteten Haare schieben.

6 Von hinten die weiße Mütze hinter die Haare kleben. Die Blume und die Blumenmitte ausstanzen, zusammenfügen und rechts auf die Haare kleben.

7 Alle Linien mit einem schwarzen Fineliner einzeichnen.

8 Die rosa Schultüte zusammenkleben und oben das pinke Krepppapier einkleben.

8 Die Figur mit Heißkleber auf die Schultüte kleben.

9 Oben die Buchstaben für den Namen aufkleben.

10 Die Tüte füllen und mit dem rosa Schleifenband verschließen.

11 Mit dem Motivlocher Blumen ausstanzen und mit einem Locher Punkte in die Mitte kleben. Die Blumen auf dem Krepppapier verteilen.

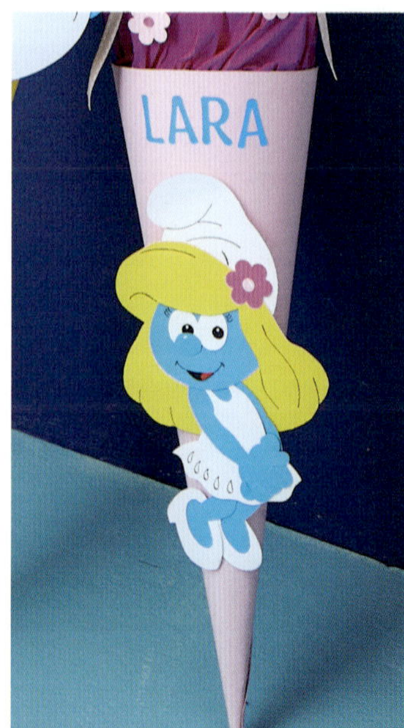

Fröhlicher Schwamm

vom Meeresboden

MOTIVGRÖSSE
29 cm x 18 cm

MATERIAL
* Fotokarton in Gelb, A4
* Fotokartonreste in Weiß, Rosa, Pink, Rot, Olivgrün, Hellblau, Hellbraun und Schwarz
* Lackstift in Weiß
* Fineliner in Schwarz
* Heißkleber
* Schultütenrohling, 6-eckig in Hellblau, 68 cm hoch
* Krepppapier in Dunkelblau, 50 cm hoch, 2 m lang
* Schleifenband in Weiß, 2,5 cm breit, 1 m lang
* 18 Muscheln in Weiß
* 6 Muscheln in Beige

VORLAGE
Bogen B

1 Alle Motivteile nach der Grundanleitung auf Fotokarton übertragen und mit einer Schere oder Silhouettenschere zuschneiden. Schultütenspitze in Dunkelblau à 21 cm anfertigen.

2 Das gelbe Gesicht auf das olivfarbene kleben. Die hellblauen Irisse auf die weißen Augen kleben und oben mit den Wimpern ergänzen. Dann die Augen auf das Gesicht kleben.

3 Oben auf dem Mund die Zähne befestigen und unten die Zunge. Den Mund aufs Gesicht kleben und grüne Flecken ergänzen. Mit einem Fineliner Nase und Wangen aufmalen.

4 Die Arme hinter die weißen Ärmel kleben und diese an beiden Seiten hinter den Kopf kleben.

5 Die Hosenbeine hinter die Hose kleben und diese hinter dem weißen T-Shirt platzieren. Die schwarzen Balken auf die Hose kleben und die rote Krawatte ergänzen.

6 Den Kopf auf das T-Shirt kleben. Unten die weißen Socken auf die gelben Beine kleben und die Schuhe befestigen. Dann die Beine hinter die Hosenbeine kleben. Je einen Lichtpunkt auf die Schuhe kleben.

7 Den Kragen mit einem schwarzen Fineliner aufmalen und die Pupillen ergänzen. Mit einem weißen Lackstift je einen Lichtpunkt in die Augen setzen sowie auf die Krawatte.

8 Das Krepppapier in die Schultüte kleben. Unten die blaue Spitze befestigen.

9 Die Figur mit Heißkleber auf die Schultüte kleben.

10 Die Muscheln nach der Abbildung auf die Tüte kleben.

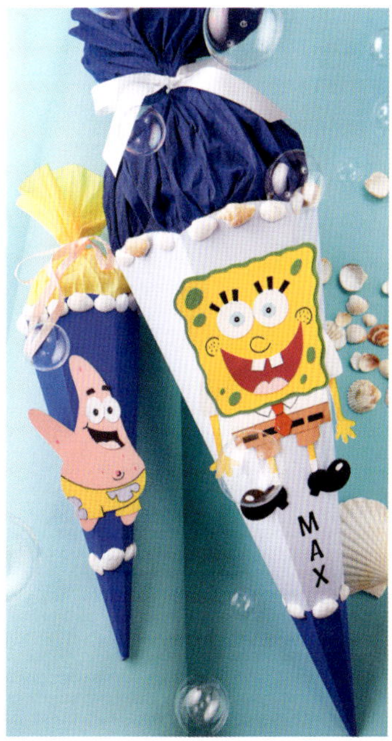

Seestern

mit Badehose

MOTIVGRÖSSE
20 cm x 16 cm

MATERIAL
* Fotokartonreste in Weiß, Rosa, Hellrosa, Gelb, Flieder und Schwarz
* Lackstift in Weiß
* Fineliner in Schwarz
* Buntstift in Hellblau und Pink
* Heißkleber
* Schultütenrohling, 6-eckig, in Dunkelblau, 40 cm hoch
* Krepppapier in Gelb, 40 cm hoch, 1 m lang
* Schleifenband in Rosa, 1 cm breit, 1 m lang
* 24 Muscheln in Weiß

VORLAGE
Bogen A und B

1 Alle Motivteile nach der Grundanleitung auf Fotokarton übertragen und mit einer Schere oder Silhouettenschere zuschneiden.

2 Die gelbe Hose auf den Bauch des Seesterns kleben.

3 Die fliederfarbenen Flecken auf die Hose kleben.

4 Die Zunge auf den schwarzen Mund kleben und diesen dann auf das Gesicht.

5 Die beiden Augen mit der schwarzen Pupille bekleben und dann aufs Gesicht. Die Augenbrauen ergänzen.

6 Die Augen am Rand mit einem Buntstift blau malen und pinkfarbene Punkte aufmalen.

7 Mit einem Fineliner Konturen ziehen.

8 Das Krepppapier oben in die Tüte kleben.

9 Den Seestern mit Heißkleber auf die Schultüte kleben.

10 Die Muscheln oben am Rand und unten um die Schultüte kleben.

11 Die Tüte füllen und mit dem Schleifenband verschließen.

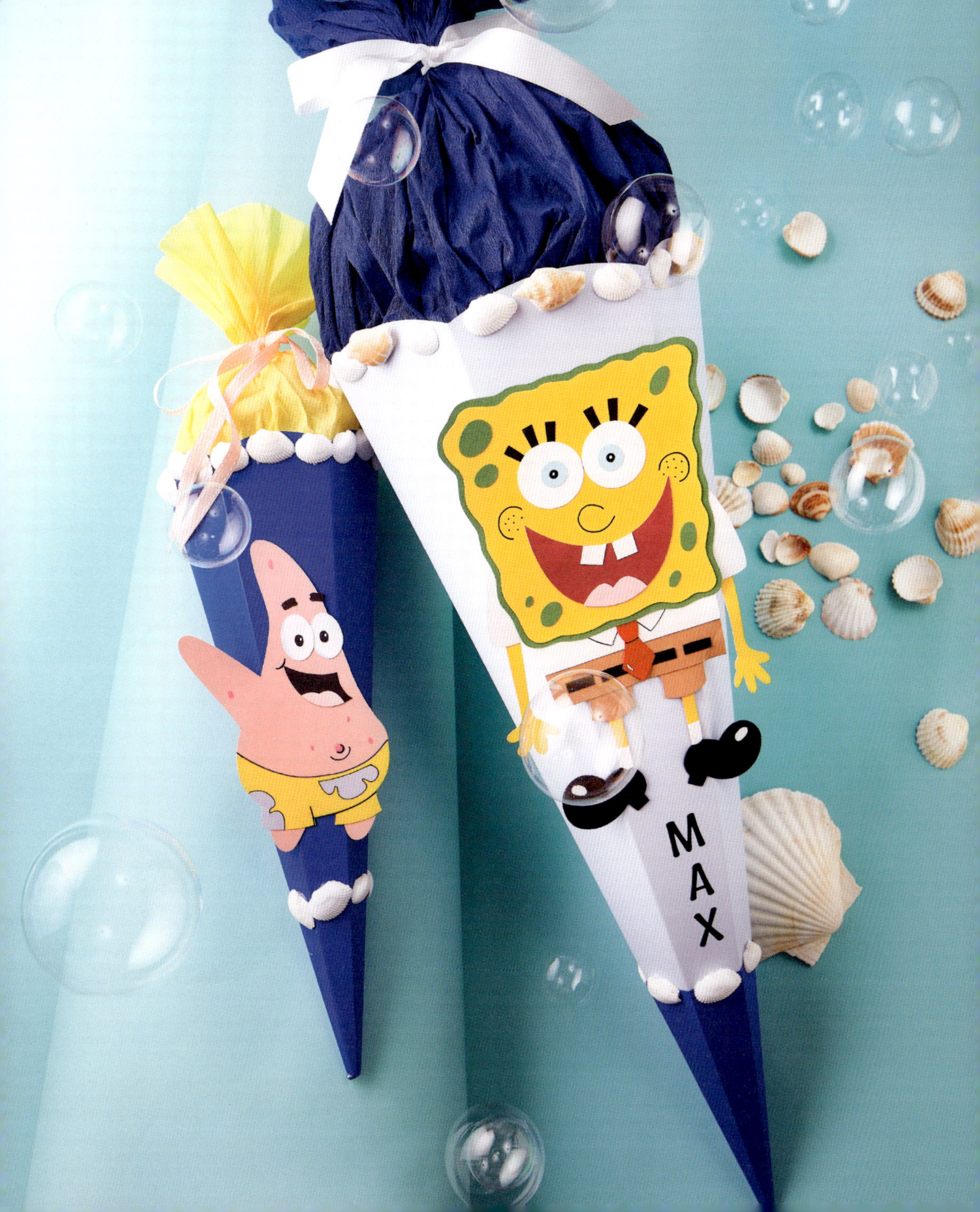
MAX

Den Kopf voller Unfug

mit Quietscheentchen

MOTIVGRÖSSE
25 cm x 15 cm

MATERIAL

- Fotokartonreste in Weiß, Gelb, Orange, Rosa, Rot, Dunkelblau und Schwarz
- Lackstift in Weiß
- Fineliner in Schwarz
- 20 Pompons in Gelb, ø 1 cm
- 12 Pompons in Blau, ø 8 mm
- 12 Pompons in Rot, ø 1 cm
- Schultütenrohling in Gelb mit Filzmanschette, 70 cm lang
- Schleifenband in Orange, 2,5 cm breit, 70 cm lang
- Aufkleber-Buchstaben in Schwarz

VORLAGE
Bogen C und D

1 Alle Motivteile nach der Grundanleitung auf Fotokarton übertragen und mit einer Schere oder Silhouettenschere zuschneiden. Schultütenspitze in Blau, 20 cm lang anfertigen.

2 Die Haare hinter den Kopf kleben. Beide Ohren von hinten anfügen. Beiden weißen Augen eine schwarze Pupille aufkleben und dann auf das Gesicht kleben. Die Nase hinzufügen. Die Zunge auf den roten Mund platzieren und diesen auf das Gesicht. Den fertigen Kopf nun auf dem gelben Kragen befestigen.

3 Für den Pullover zuerst die weißen Streifen unten hinter die blauen Streifen kleben. Der untere blaue Streifen erhält oben noch einen gelben Streifen dahinter. Nun die Streifen auf dem roten Pullover arrangieren.

4 Für den linken Arm den weißen Streifen hinter den roten kleben und diesen auf den blauen Ärmelrand. Dann den Arm hinter den Pullover kleben.

5 Für den rechten Arm den weißen Streifen hinter den roten Streifen kleben und dann auf dem blauen Arm platzieren.

6 Der untere Ärmel ist blau. Er erhält einen roten Streifen, der oben einen weißen Streifen und unten einen gelben Streifen dahinter geklebt bekommt. Nun wird die Quietscheente vorne auf dem Ärmel platziert.

7 Die Ente bekommt einen Schnabel mit roter Zunge und Augen mit blauer Pupille. Den Flügel mit Fineliner aufmalen.

8 Nun die Hand mit Fingern bemalen und unten auf die Ente kleben. Den Kopf auf den Pullover kleben.

9 Mit weißem Lackstift Lichtpunkte setzen. Das Motiv mit Heißkleber auf die Schultüte kleben.

10 Am oberen Schultütenrand die Pompons nach Abbildung mit Heißkleber aufkleben.

11 Den gewünschten Namen mit Aufkleber-Buchstaben aufkleben.

12 Unten die Schultütenspitze in Blau ankleben. Die Tüte füllen und mit einem orangenen Schleifenband verschließen.

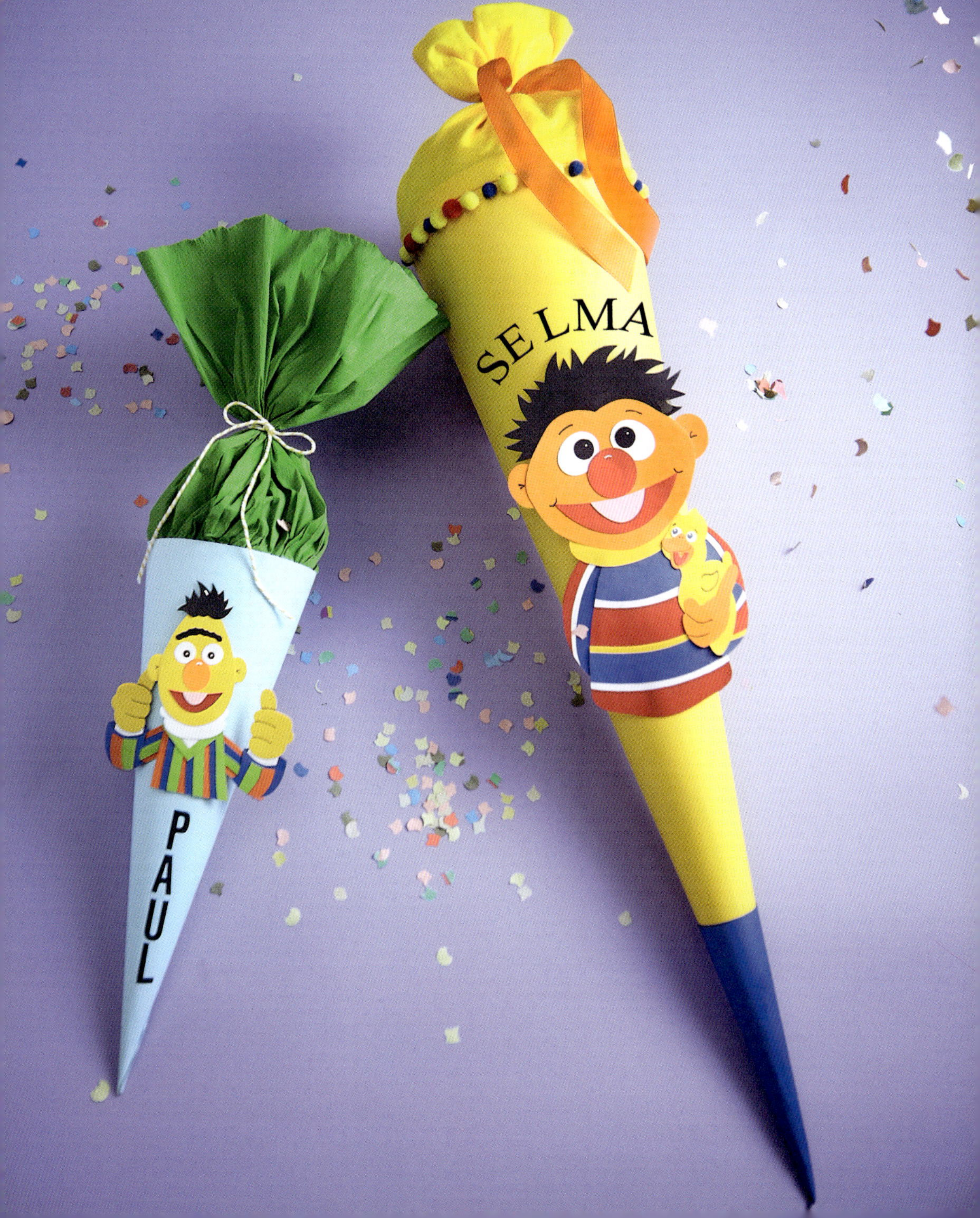
SELMA
PAUL

Eifriger Sammler

im Streifenanzug

MOTIVGRÖSSE
14 cm x 18 cm

MATERIAL

* Fotokarton in Hellblau, A2
* Fotokartonreste in Weiß, Gelb, Rosa, Orange, Rot, Hellgrün, Dunkelblau und Schwarz
* Lackstift in Weiß
* Fineliner in Schwarz
* Krepppapier in Grün, 30 cm hoch, 1 m lang
* Pastellband in Gelb-Weiß, 1 m lang

VORLAGE
Bogen A

1 Alle Motivteile nach der Grundanleitung auf Fotokarton übertragen und mit einer Schere oder Silhouettenschere zuschneiden.

2 Oben auf den Kopf die Haare kleben. Dann das Gesicht mit Nase, Augen und Mund bekleben. Rechts und links die Ohren anbringen.

3 Auf den roten Pullover zuerst alle drei blauen Streifen kleben. Dann die beiden grünen Streifen und den letzten Streifen mit dem Kragen platzieren.

4 Nun das weiße T-Shirt hinter den Pullover kleben.

5 Die beiden roten Arme zuerst mit dem blauen Streifen und dann mit dem grünen Streifen bekleben.

6 Für beide Arme gilt: Auf die beiden vorderen dunkelblauen Ärmel zuerst den hellgrünen Streifen und dann den roten Streifen aufkleben. Hinter dieses Ärmelstück die weißen T-Shirt-Ärmel kleben und dann nochmal einen dunkelblauen Rand dahinter kleben.

7 Nun von vorne die gelben Hände auf die weißen Ärmel kleben. Beide Arme rechts und links hinter den Pullover kleben.

8 Den Kopf auf den weißen Kragen kleben und diesen auf den Pullover.

9 Den Fotokarton für den Schultütenrohling zusammenkleben. Oben das Krepppapier einkleben.

10 Das Motiv auf die Schultüte kleben und unten die Namensbuchstaben ergänzen.

11 Die Tüte füllen und mit dem Band verschließen.

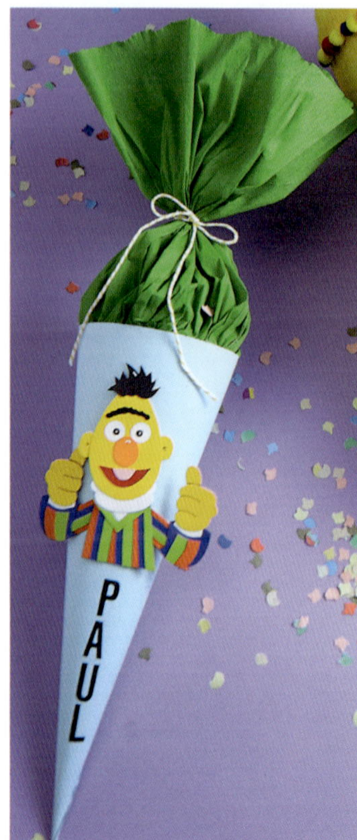

Eine besondere Biene

entdeckt die Welt

MOTIVGRÖSSE
26 cm x 18 cm

MATERIAL
* Fotokarton in Gelb, A3
* Fotokartonreste in Weiß, Creme, Rosa und Schwarz
* Lackstift in Weiß
* Fineliner in Schwarz
* Buntstift in Rosa
* Wattestäbchen
* Heißkleber
* Schultütenrohling, 6-eckig in Grün, 68 cm
* Krepppapier in Rot, 50 cm hoch, 1,60 m lang
* Krepppapier in Gelb, 40 cm hoch, 1,60 m lang
* 50 Blümchen-Aufkleber
* Schleifenband in Schwarz, 2,5 cm breit, 90 cm lang

VORLAGE
Bogen A

1 Alle Motivteile nach der Grundanleitung auf Fotokarton übertragen und mit einer Schere oder Silhouettenschere zuschneiden. Schultütenspitze in Rot à 20 cm hoch anfertigen.

2 Zuerst die gelben Streifen auf den schwarzen Körper kleben.

3 Nun Arme und Beine hinter den Körper kleben.

4 Die Haare so auf das Gesicht aufkleben, dass die untere linke Welle hinter dem Kopf liegt.

5 Die Augen auf das Gesicht kleben und den Mund mit der rosa Zunge ergänzen.

6 Die Flügel hinter dem Motiv arrangieren.

7 Jetzt die Gesichtslinien mit Fineliner aufzeichnen und Punkte auf die Flügel setzen.

8 Die Fühler hinter dem Kopf ergänzen.

9 Das Krepppapier in die Tüte kleben.

10 Das Motiv mit Heißkleber auf die Schultüte kleben. Die Schultütenspitze ankleben.

11 Alle Blümchen-Aufkleber ringsherum auf die Tüte kleben.

12 Die Tüte füllen und mit einem schwarzen Schleifenband verschließen.

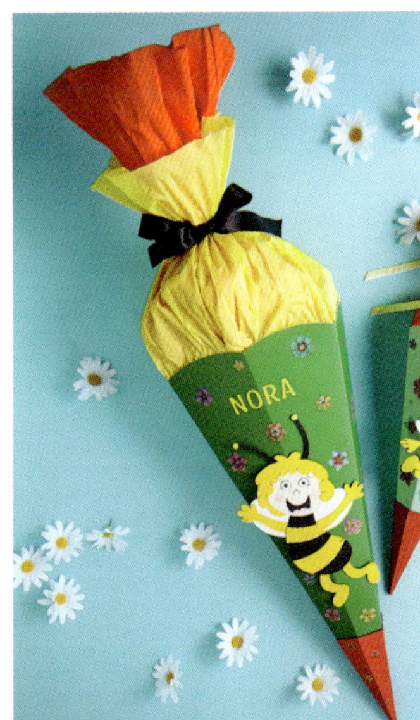

Mein Tipp für Sie

Man kann anstelle von Blümchen-Aufklebern auch einen Blumen-Motivlocher nehmen.

Der Hummel-Held

beste Freunde

MOTIVGRÖSSE
18 cm x 12 cm

MATERIAL

- Fotokarton in Gelb, A4
- Fotokartonreste in Weiß, Rosa, Rot, Hellbraun und Schwarz
- Lackstift in Weiß
- Fineliner in Schwarz
- Heißkleber
- Schultütenrohling 6-eckig, in Grün, 40 cm hoch
- Krepppapier in Rot, 30 cm hoch, 1 m lang
- 30 Blümchen-Aufkleber
- Schleifenband in Gelb, 1 cm breit, 1 m lang

VORLAGE
Bogen A und C

1 Alle Motivteile nach der Grundanleitung auf Fotokarton übertragen und mit einer Schere oder Silhouettenschere zuschneiden. Die Schultütenspitze in Rot à 15 cm hoch anfertigen.

2 Zuerst die schwarzen Streifen auf den gelben Körper kleben.

3 Nun das zweite Bein von hinten hinzufügen.

4 Hinter dem Kopf die beiden Fühler ankleben und die Haare ergänzen.

5 Die beiden Pupillen auf die Augen kleben und diese auf das Gesicht.

6 Die Zunge auf den Mund kleben und den Mund dann auf das Gesicht.

7 Den Flügel hinter den Körper kleben.

8 Alle Konturen und die Nase mit einem schwarzen Fineliner aufmalen.

9 Das Krepppapier in die Tüte kleben. Unten die rote Spitze ankleben.

10 Das Motiv mit Heißkleber auf die Schultüte kleben.

11 Alle Blümchen-Aufkleber rund um die Tüte kleben.

12 Die Tüte füllen und mit dem gelben Band verschließen.

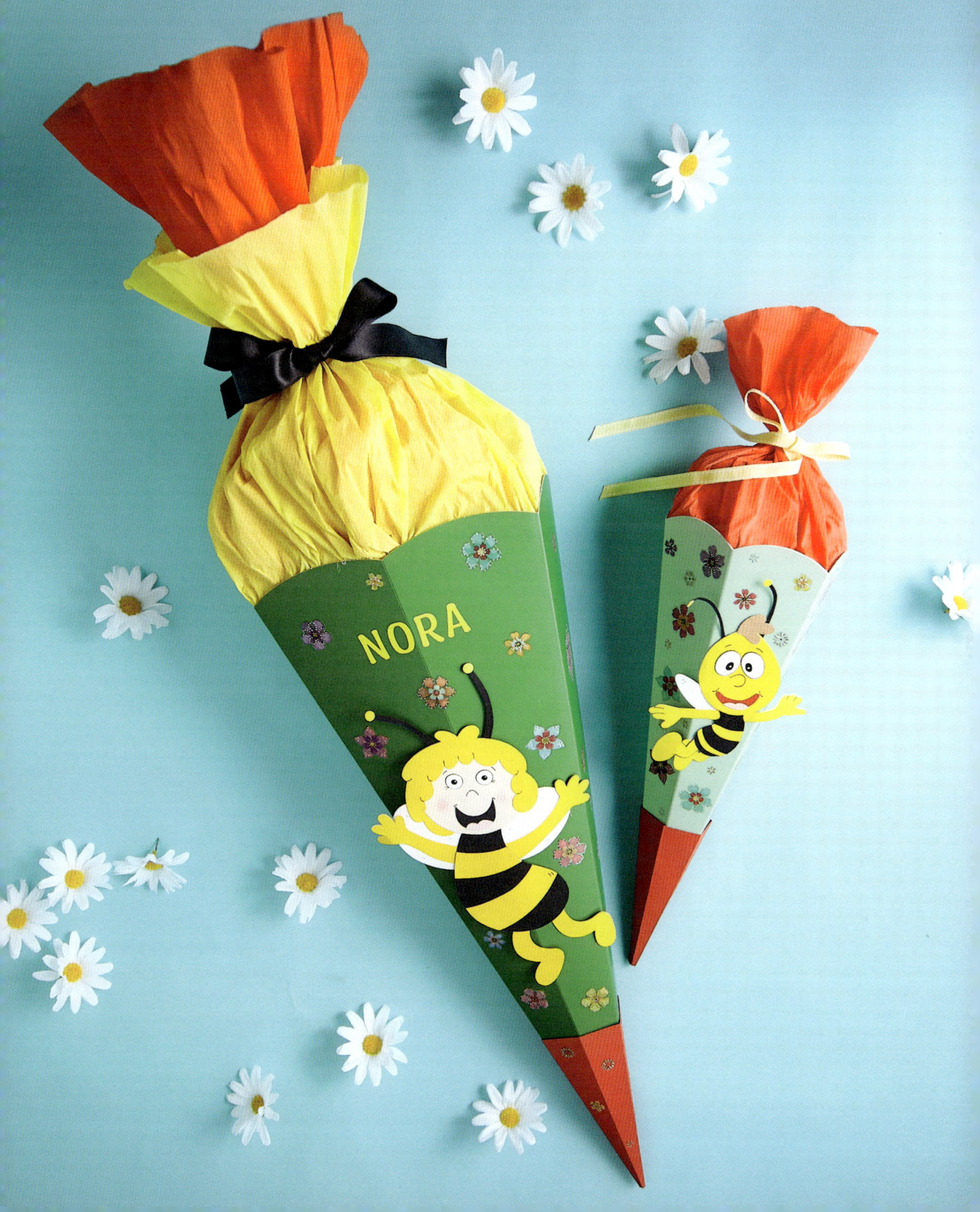
NORA

Maus und Elefant

helfen beim Lernen

MOTIVGRÖSSE
30 cm x 18 cm

MATERIAL
* Fotokarton in Orange, A3
* Fotokarton in Weiß, A4
* Fotokartonreste in Creme, Gelb, Hellblau, Braun und Schwarz
* Lackstift in Weiß
* Fineliner in Schwarz
* Motivlocher Kreis, ø 2,5 cm
* ABC-Aufkleber, 1 cm hoch
* Heißkleber

MAUS
* Schultütenrohling in Grün, 70 cm hoch
* Krepppapier in Gelb, 50 cm hoch, 1,50 lang
* Schleifenband in Blau, 2,5 cm breit, 70 cm lang

ELEFANT
* Fotokarton in Rot, A2
* Krepppapier in Grün, 25 cm hoch, 70 cm lang
* Schleifenband in Gelb, 2,5 cm breit, 40 cm lang
* Schleifenband in Grün, 8 mm breit, 37 cm lang

VORLAGE
Bogen A

Maus

1 Alle Motivteile nach der Grundanleitung auf Fotokarton übertragen und mit einer Schere oder Silhouettenschere zuschneiden. Schultütenspitze in Blau à 20 cm anfertigen.

2 Hinter die cremefarbene Spitze des Bleistifts die blaue Farbe kleben und diese dann hinter den gelben Stift kleben.

3 Den Stift links auf dem Bauch der Maus platzieren. Den Arm über den Stift kleben und oben hinter die Maus. Den zweiten Arm rechts hinter die Maus kleben.

4 Oben beide Ohren und unten beide Beine hinter die Maus kleben.

5 Die schwarzen Pupillen auf die weißen Augen und dann das orangene Lid über die Augen kleben. Beide Augen auf das Gesicht kleben. Die Nase aufkleben.

6 Mit einem Fineliner die Augen umranden, den Mund und die Schnurrbarthaare aufzeichnen. Mit weißem Lackstift je einen Lichtpunkt in die Augen setzen.

7 Die gelbe Krepppapiermanschette in die Tüte einkleben und die Schultütenspitze in Blau ankleben. Nun die Maus auf der Schultüte platzieren.

8 25 weiße Kreise mit dem Motivlocher ausstanzen und mit dem Alphabet bekleben. Die Kreise am oberen Rand der Schultüte aufkleben.

Elefant

1 Schultütenspitze in Orange à 10 cm anfertigen.

2 Alle Zehen auf die Beine kleben. Das vordere Bein hinter den Bauch kleben.

3 Die Augen auf das Gesicht kleben.

4 Mit einem Fineliner die restlichen Linien zeichnen und zwei Pupillen malen. In die Augen einen Lichtpunkt mit einem weißen Lackstift setzen.

4 Die Schultüte zusammenkleben. Oben das grüne Krepppapier einkleben.

5 Das grüne Schleifenband oben um den Rand kleben. Die orangene Spitze anfügen.

6 Den Elefant auf die Tüte kleben. Die Tüte füllen und mit einem gelben Band verschließen.

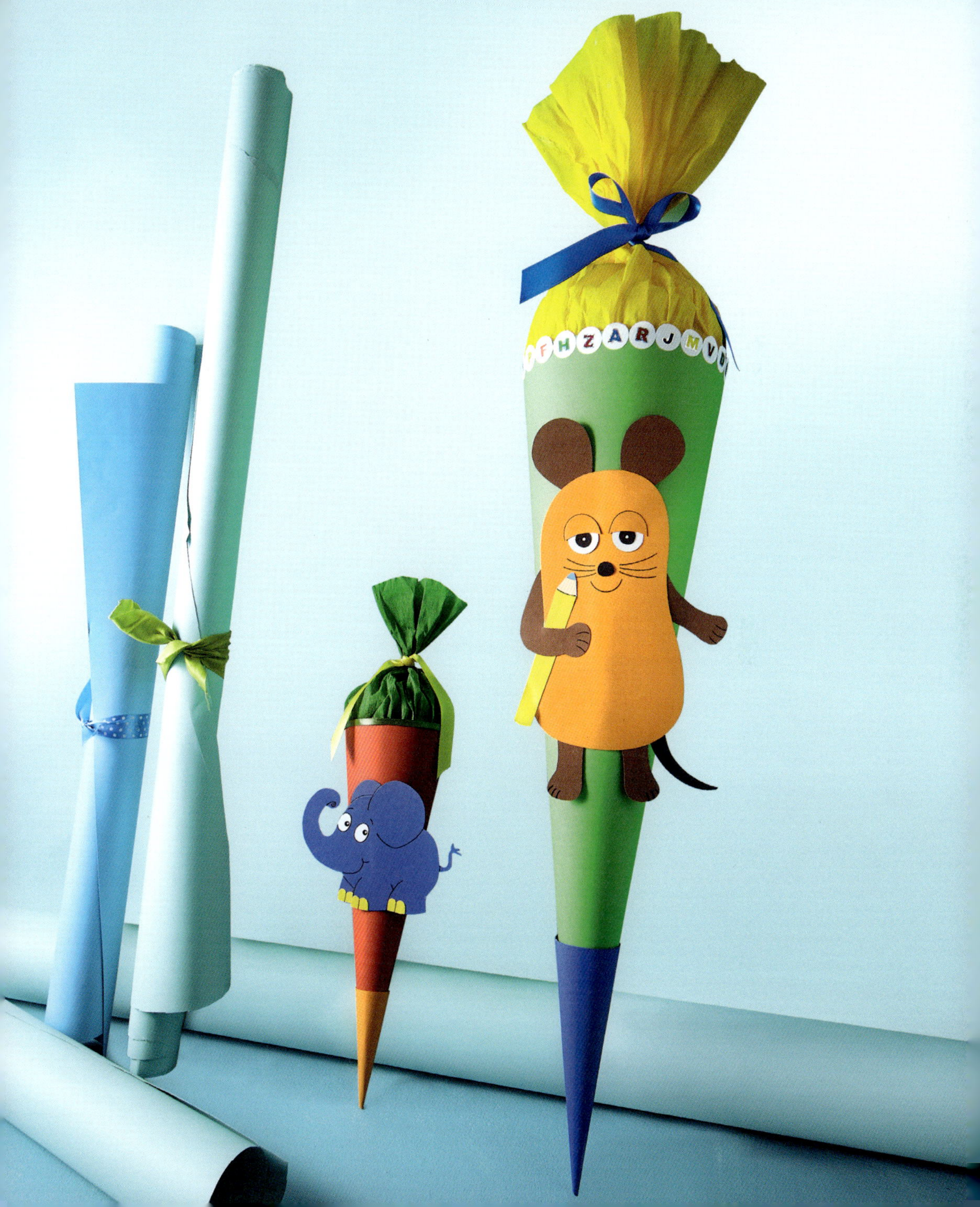
FHZARJMV

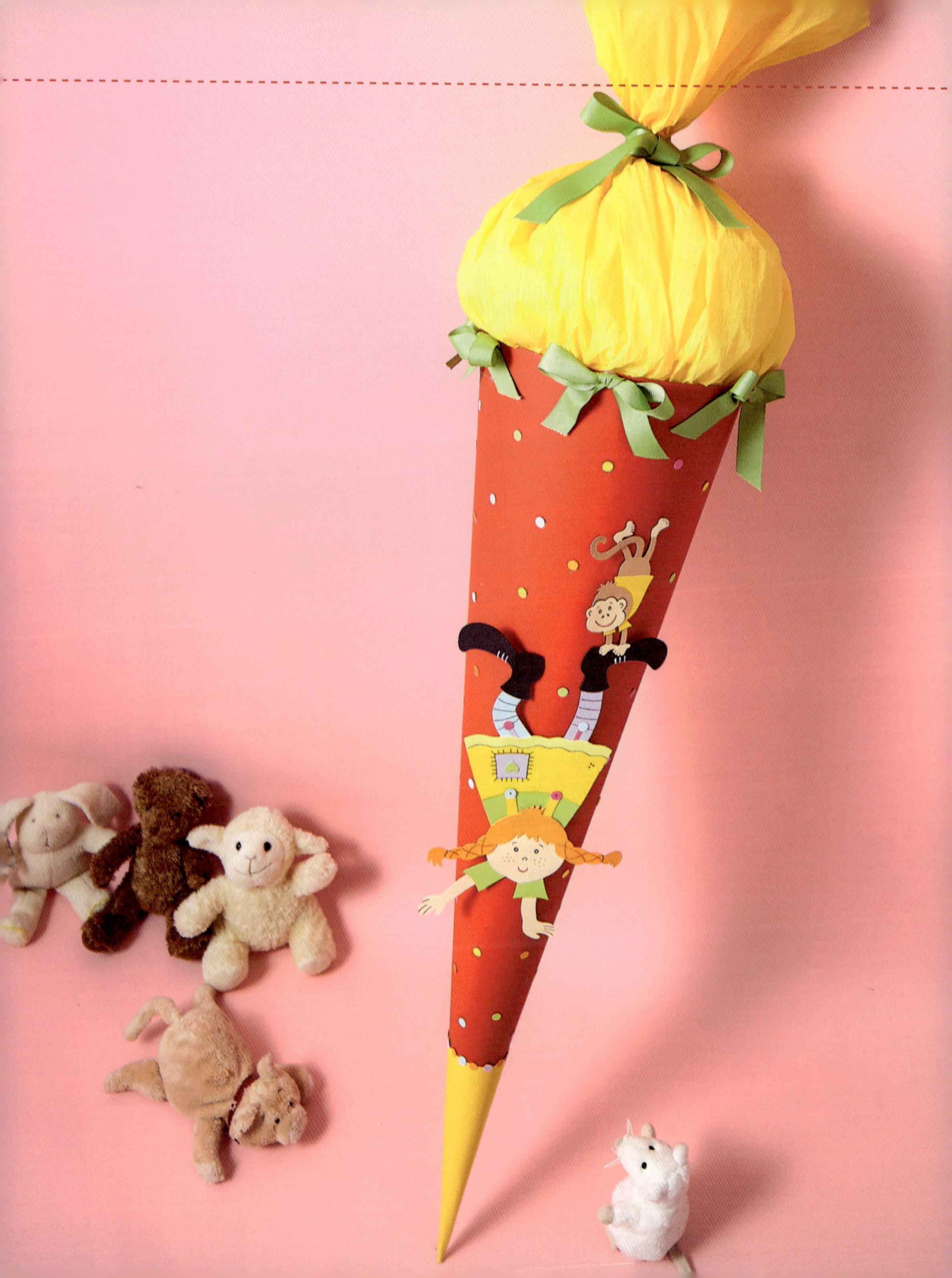

Das stärkste Mädchen der Welt

mutig und fantasievoll

MOTIVGRÖSSE
31 cm x 14 cm

MATERIAL
* Fotokartonreste in Creme, Gelb, zitronengelb, Orange, Pink, Flieder, Hellgrün, Hellblau, Hellbraun und Schwarz
* Buntstift in Rot und Braun
* Lackstift in Weiß
* Fineliner in Schwarz
* Heißkleber
* Locher
* Schultütenrohling in Rot, 70 cm hoch
* Krepppapier in Gelb, 50 cm hoch, 2 m lang
* Schleifenband in Grün, 1,5 cm breit, 2,80 m lang

VORLAGE
Bogen A

1 Alle Motivteile nach der Grundanleitung auf Fotokarton übertragen und mit einer Schere oder Silhouettenschere zuschneiden.

2 Die Arme hinter die grünen Ärmel kleben, dann die gelbe Schürze unten auf dem grünen Körper befestigen. Den zitronengelben Rand unten von hinten ergänzen.

3 Den Kopf auf den Körper kleben und die Haare oben am Kopf arrangieren.

4 Den pinken und hellblauen Knopf auf die Schürzenträger kleben und den fliederfarbenen Flicken mit dem Herz auf der Schürze befestigen.

5 Oben auf den Strümpfen die Strumpfhalter befestigen. Unten an den Strümpfen die Schuhe aufkleben.

6 Für den Affen die Arme hinter den Pullover kleben und unten die Pfoten ergänzen. An den Beinen unten die Füße platzieren.

7 Das Affengesicht auf den Kopf kleben und diesen auf dem gelben Pullover befestigen. Den Affen mit den Pfoten auf den rechten Schuh kleben.

8 Beiden Figuren ein Gesicht aufmalen, wobei der Mund mit einem roten Buntstift aufgezeichnet wird. Die Augen mit schwarzem Fineliner aufmalen. Mit weißem Lackstift je einen weißen Lichtpunkt auftragen.

9 Alle restlichen Linien mit schwarzem Fineliner aufzeichnen.

10 Das Krepppapier in die Tüte kleben. Unten die gelbe Spitze ankleben.

10 Das Motiv mit Heißkleber auf die Schultüte kleben. Viele bunte Locherpunkte rund um die Tüte und unten am Spitzenrand aufkleben.

11 Sechs Schleifen aus 30 cm langem Schleifenband binden und oben um die Tüte kleben.

12 Die Tüte füllen und mit dem restlichen Schleifenband zubinden.

Der kleine Rabe

findet neue Freunde

MOTIVGRÖSSE
28 cm x 25 cm

MATERIAL
* Fotokarton in Schwarz, A4
* Fotokartonreste in Weiß, Gelb, Orange, Rosa, Rot, Hellblau und Blau
* Lackstift in Weiß
* Fineliner in Schwarz
* Abc-Aufkleber in Weiß, 2,5 cm hoch
* 1,2,3-Aufkleber in Grün, Lila und Pink, 1 cm hoch
* Lochzange
* Heißkleber
* Klebefilm
* Schultütenrohling, 6-eckig, in Flieder, 68 cm hoch
* Krepppapier in Lila, 50 cm hoch, 2,50 m lang
* Schleifenband mit Pünktchen, 1,5 cm breit, 2 m lang
* 18 Federn in Pastellfarben

VORLAGE
Bogen C

1 Alle Motivteile nach der Grundanleitung auf Fotokarton übertragen und mit einer Schere oder Silhouettenschere zuschneiden.

2 Zuerst die Augen mit den schwarzen Pupillen auf den Kopf kleben. Nun den Schnabel ergänzen und unten über die Augen kleben.

3 Die Schultüte des Raben oben mit einem hellblauen Verschluss hinterkleben. Nun auf den weißen Streifen die roten Elemente aufkleben und den fertigen Streifen auf dem oberen Schultütenrand befestigen. Oben hinter den Verschluss den blauen Verschluss kleben und die rosa Papierschleife anbringen. Mit der Lochzange weiße Punkte ausstanzen und auf der rosa Schleife platzieren.

4 Die linke Hand mit dem Daumen hinter der Raben-Schultüte auf die große Tüte kleben. Nun die Raben-Schultüte längs auf dem Körper platzieren. Rechts den Arm über die Schultüte kleben. Den linken Arm dahinter kleben.

5 Das linke Bein unten hinter den Körper kleben. Für den rechten Fuß eine Socke anfertigen. Dafür die weißen Streifen auf die rote Socke kleben. Dann das obere weiße Sockenteil oben mit dem orangenen Bein bekleben und den roten Streifen über das Bein kleben. Die beiden weiteren roten Streifen ergänzen und das obere Sockenteil auf die untere Socke kleben. Jetzt das Bein hinter den Körper kleben.

6 Den Mund, die Schnabellinie, den Schultütenverschluss und die Zehen mit schwarzem Fineliner aufzeichnen. Mit weißem Lackstift die Finger, die Arme und die Schwanzfedern aufmalen sowie einen Lichtpunkt in die Augen setzen.

7 Die Federn mit Klebefilm in den Schultütenrand kleben. Die Krepppapiermanschette einkleben.

8 Das Motiv mit Heißkleber auf die Schultüte kleben. Alle Aufkleber aufkleben.

9 Die Tüte füllen und mit dem Pünktchenband verschließen.

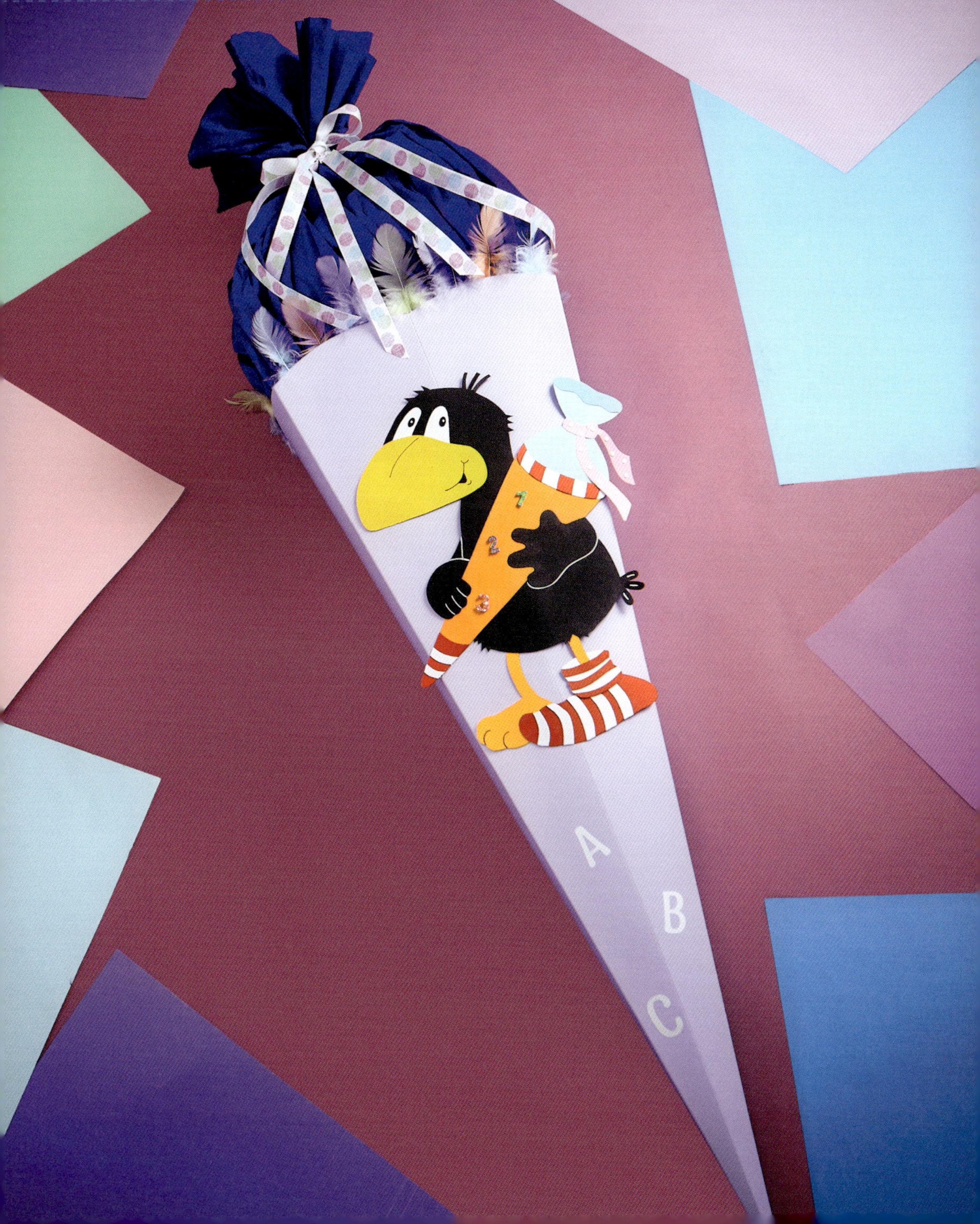
1
2
3
A
B
C

Grüner Schmutzfink

nur keine Ordnung!

MOTIVGRÖSSE
32 cm x 13 cm

MATERIAL

* Fotokartonreste in Weiß, Gelb, Hellgrün, Mittelgrün, Rot und Braun
* Buntstift in Blau
* Lackstift in Weiß
* Fineliner in Schwarz
* Draht, ø 1 mm, 6 cm x 8 cm
* Heißkleber
* Schultütenrohling in Braun, 6-eckig, 68 cm hoch
* Krepppapier in Hellgrün, 50 cm hoch, 2 m lang
* Krepppapier in Hellgrün, 10 cm hoch, 60 cm lang
* Kräuselband in Weiß, 2 m lang
* Schleifenband in Rot, 2,5 cm breit, 1 m lang
* 19 Pompons in Rot, ø 1 cm

VORLAGE
Bogen D

1 Alle Motivteile nach der Grundanleitung auf Fotokarton übertragen und mit einer Schere oder Silhouettenschere zuschneiden. Schultütenspitze in Dunkelbraun à 21 cm anfertigen.

2 Oben hinter den Pulloverausschnitt den grünen Hals kleben und dann den Kopf ergänzen. Oben die drei Hörner anbringen und dahinter die Zackenhaare. Die sechs Haare wellig formen und mit Heißkleber oben hinter den Kopf kleben.

3 Die gelbe Hose mit den braunen Flecken bestücken und unten hinter den Pullover kleben.

4 Die grünen Beine hinter die Hose kleben, unten die weißen Socken ankleben. Nun die Schuhe ergänzen.

5 Den Fisch mit blauen Buntstiftgräten bemalen und dem Schmutzfink auf den Bauch kleben.

6 Beide Arme oben hinter die Ärmel kleben sowie unten über den Fisch, dabei den Fischkopf auf den rechten Arm kleben.

7 Das Gesicht mit Nase und Mund bemalen. Die weißen Augen und den Zahn aufkleben. Die Motten auf dem roten Pullover anbringen.

8 Das Krepppapier oben in die Schultüte kleben. Das kleine Krepppapierstück hinter die braune Spitze kleben und diese an der Schultüte befestigen. An den Rand 19 rote Pompons kleben.

9 Den Schmutzfink oben auf die Schultüte kleben. Nun die Motten zusammensetzen und auf dem Schultütenrand platzieren. Eine Motte unten an die Spitze kleben.

10 Die Schultüte füllen und mit dem weißen Kräuselband und dem roten Schleifenband verschließen.

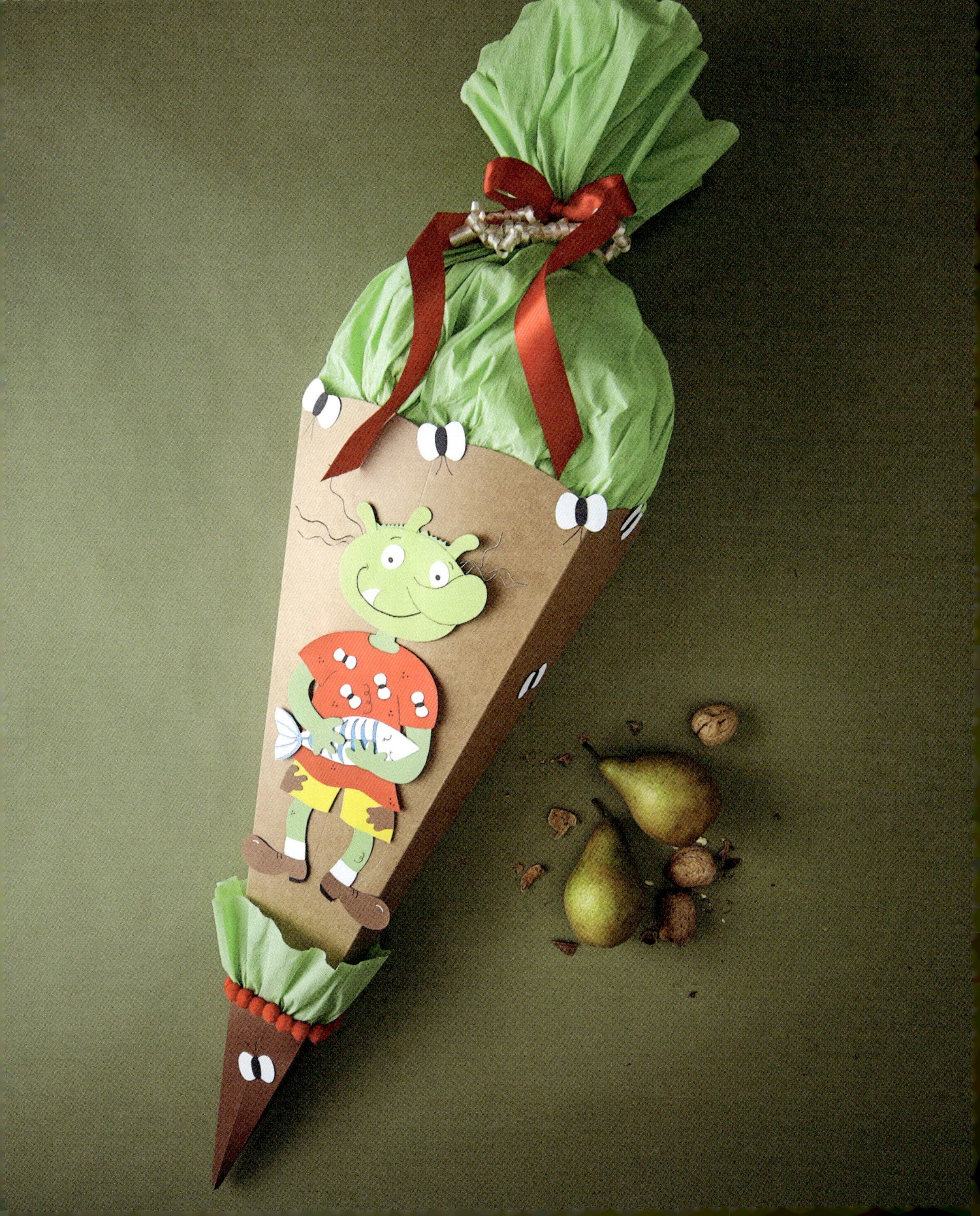

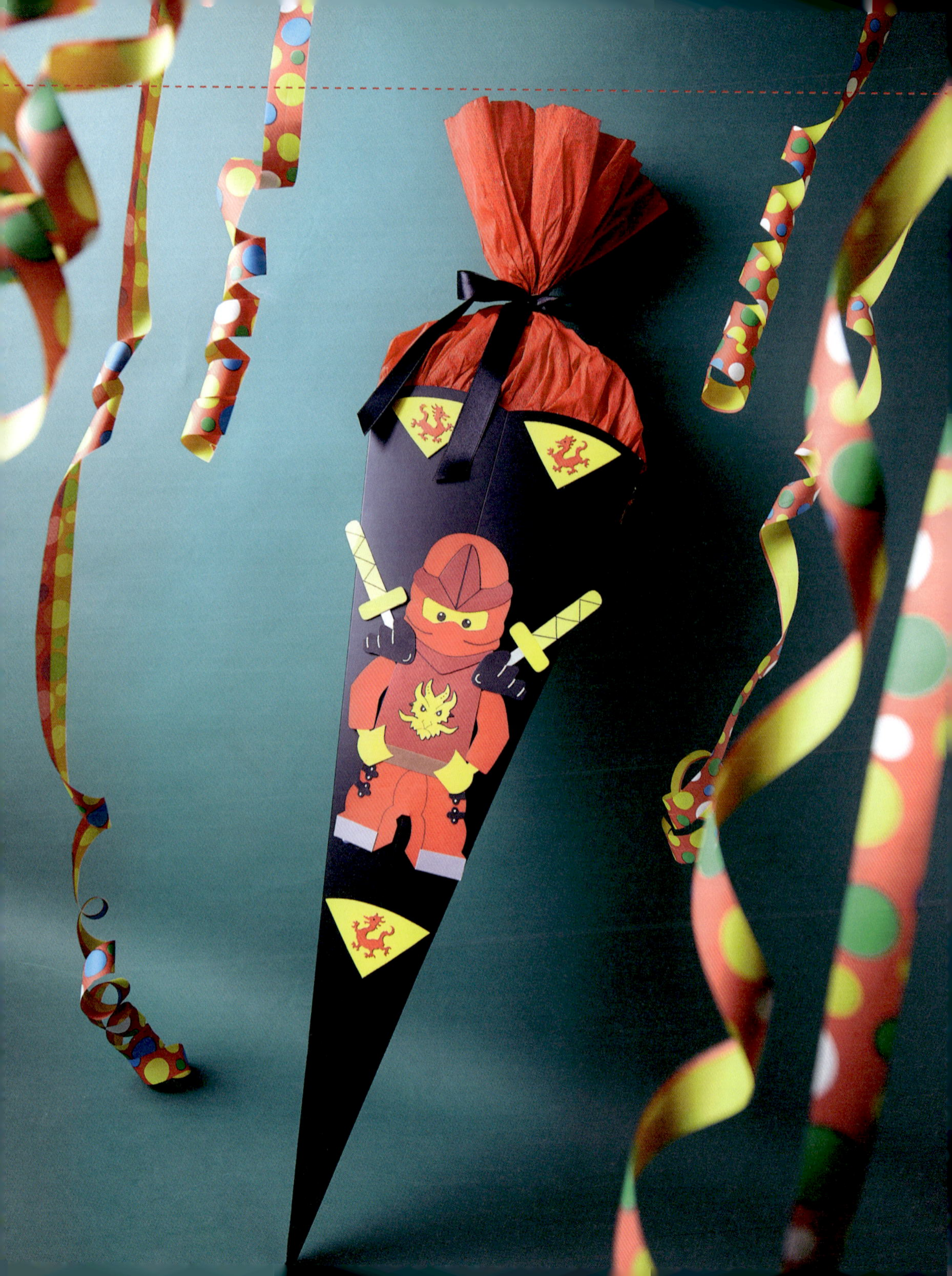

Ninja in Rot

auf der Suche nach seinem Element

MOTIVGRÖSSE
26 cm x 23 cm

MATERIAL
* Fotokarton in Rot, A3
* Fotokarton in Gelb, A4
* Fotokartonreste in Zitronengelb, Dunkelrot, Braun, Grau, Schwarz und Silber
* Lackstift in Weiß
* Fineliner in Schwarz
* Heißkleber
* Kreisschablone, ø 8 mm
* Schultütenrohling, 6-eckig in Schwarz, 68 cm hoch
* Krepppapier in Rot, 50 cm hoch, 2,50 m lang
* Schleifenband in Schwarz, 1,5 cm lang, 2,5 cm breit
* Motivlocher „Drachen“, 4 cm breit

VORLAGE
Bogen C

1 Alle Motivteile nach der Grundanleitung auf Fotokarton übertragen und mit einer Schere oder Silhouettenschere zuschneiden. Das Gesichtsfeld aus dem Helm auscutten.

2 Die rote Hose auf den dunkelroten Pullover kleben. Dann den braunen Gürtel ergänzen. Auf der Hose unten die grauen Streifen und die schwarzen Scharniere hinzufügen.

3 Beide Hände hinter die Arme kleben und diese oben hinter dem Pullover befestigen. Den Drachen mit Fineliner bemalen und mittig auf den Pullover kleben.

4 Das gelbe Gesicht hinter die Öffnung kleben. Nun den oberen dunkelroten Helmvorsatz auf den Helm kleben. Den unteren dunkelroten Streifen auf den Helm aufsetzen. Den fertigen Helm auf den Pullover kleben.

5 Die schwarzen Schulterklappen rechts und links oben am Pullover anfügen.

6 Die Schwerter zusammensetzen und hinter den Schulterklappen befestigen.

7 Die Augen mit einer Kreisschablone aufmalen und alle Lichtpunkte mit weißem Lackstift aufzeichnen. Alle anderen Konturen mit schwarzem Fineliner auftragen.

8 Das Krepppapier oben in die Tüte kleben.

9 Das Motiv mit Heißkleber auf die Schultüte kleben.

10 Die Drachen ausstanzen und auf die gelben Dreiecke kleben. Diese dann oben am Tütenrand und unter der Figur aufkleben.

11 Die Tüte füllen und mit einem schwarzen Schleifenband verschließen.

Weltenbauer

im Abenteuermodus

MOTIVGRÖSSE
27 cm x 21 cm

MATERIAL

* Fotokarton in Türkis und Hellblau, A4
* Fotokartonreste in Weiß, Gelb, Zitronengelb, Dunkelblau, Olivgrün und Schwarz
* Lackstift in Weiß
* Fineliner in Schwarz
* Locher
* Heißkleber
* Schultütenrohling in 3D-Wellpappe in Schwarz, 68 cm hoch
* Krepppapier in Gelb, 50 cm hoch, 2,50 cm lang
* Schleifenband in Hellblau, 1,5 cm breit, 1 m lang
* Schleifenband in Grün, 5 mm breit, 2 m lang
* Aufkleber-Buchstaben in Gelb

VORLAGE
Bogen C

1 Alle Motivteile nach der Grundanleitung auf Fotokarton übertragen und mit einer Schere oder Silhouettenschere zuschneiden.

2 Für beide Beine: Die hellblauen Beine hinter den türkisenen Rumpf kleben. Den unteren Teil der hellblauen Beine dann auf die dunkelblauen Beine kleben. Die türkisenen Beine unten hinter die dunkelblauen Beine kleben. Von vorne auf den dunkelblauen Beinen die schwarzen Dreiecke platzieren.

3 Für beide Arme: Die hellblauen Arme auf die dunkelblauen kleben. Für den rechten Arm: Vorne das schwarze Quadrat anfügen. Für den linken Arm: Unten das schwarze Quadrat aufkleben und dann den olivfarbenen Greifteil des Arms anfügen.

4 Den Schwertgriff hinter den Arm kleben. Die Zacken auf das Schwert kleben und dieses dann hinter den olivfarbenen Greifarm. Beide Arme rechts und links an den türkisenen Körper kleben.

5 Den hellblauen Kopf auf den dunkelblauen Kopf kleben. Hinter dem türkisenen Helm die weißen Augen und die Nase platzieren. Dann den Helm auf den Kopf kleben.

6 Mit einem Locher zwei schwarze Punkte ausstanzen und diese als Pupillen auf die weißen Augen kleben. Den Mund und das hellblaue Bruststück befestigen.

7 Mit schwarzem Fineliner Konturen einzeichnen und mit dem weißen Lackstift Lichtpunkte in die Augen setzen.

8 Das gelbe Krepppapier in die Tüte kleben. Nun 9 hellblaue und 9 türkisene Quadrate oben rund um die Tüte kleben.

9 Die Figur auf die Tüte kleben und zwei Quadrate darunter. Oben den Namen mit Aufklebern aufkleben.

10 Die Tüte füllen und mit den Schleifenbändern verschließen.

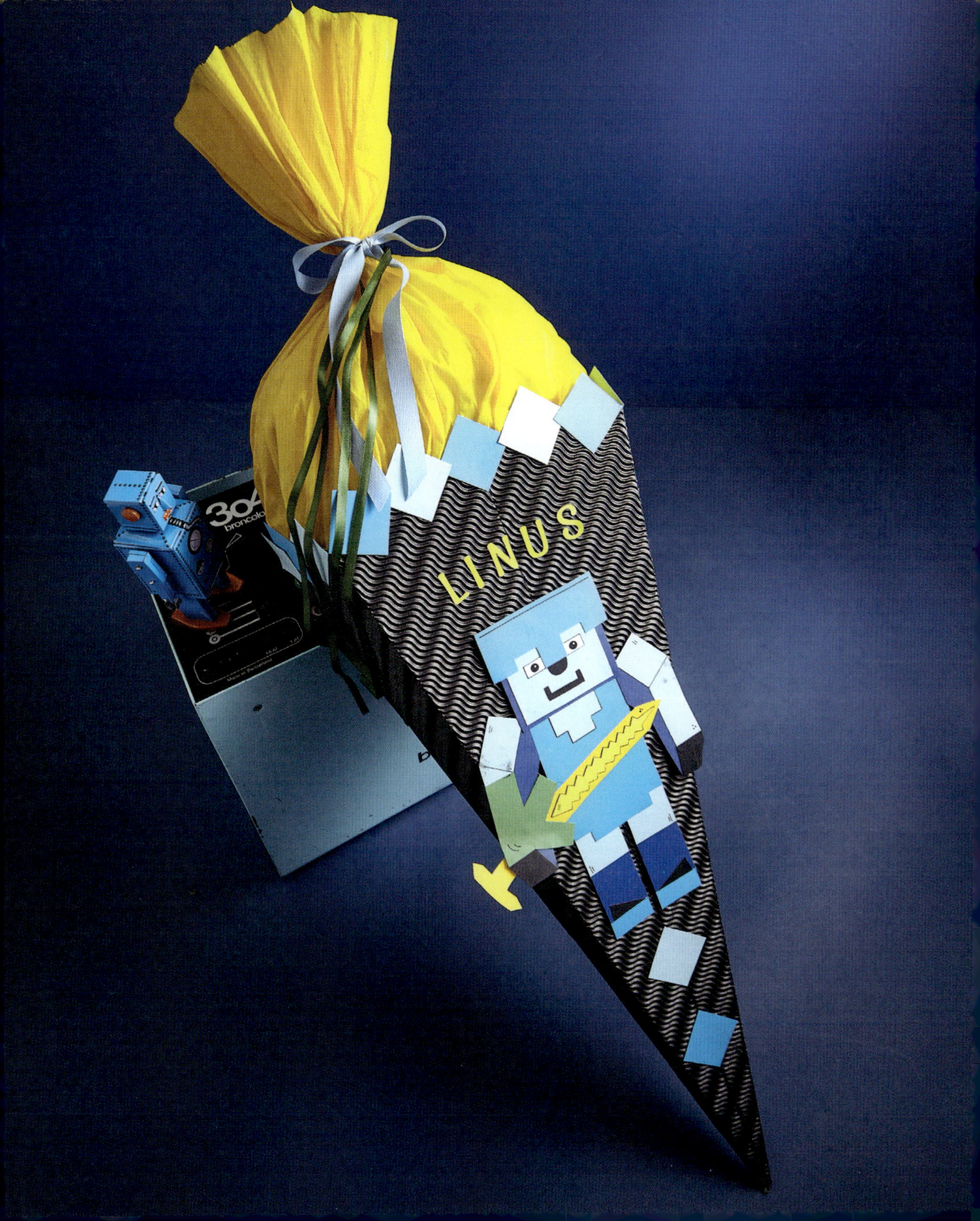
LINUS

Spieleheld

It‘s a me!

MOTIVGRÖSSE
27 cm x 26 cm

MATERIAL

* Fotokartonreste in Weiß, Creme, Gelb, Rot, Dunkelblau, Braun und Schwarz
* Fineliner in Schwarz
* Lackstift in Weiß
* Heißkleber
* Lochzange
* Schultütenrohling in Gelb, 70 cm hoch
* Krepppapier in Blau, 50 cm hoch, 2 m lang
* Schleifenband in Rot, 2,5 cm breit, 1,5 m lang

VORLAGE
Bogen D

1 Alle Motivteile nach der Grundanleitung auf Fotokarton übertragen und mit einer Schere oder Silhouettenschere zuschneiden. Schultütenspitze in Rot à 32 cm anfertigen.

2 Den roten Pullover hinter die Hose kleben. An der Hose zwei gelbe Knöpfe befestigen.

3 Unten die Schuhe hinter die Hose kleben. An beiden Armen die weißen Handschuhe ankleben. Bei der rechten Hand werden die Spitzen oben und unten hinter den Arm geklebt.

4 Zuerst die Augen zusammensetzen, indem man die blaue Iris auf die weißen Augen klebt und dann die Pupillen ergänzt. Einen Lichtpunkt hinzufügen. Die fertigen Augen ins Gesicht kleben und den Schnurrbart darunter platzieren.

5 Nun die Nase und die Augenbrauen aufkleben. Auf beiden Seiten die braunen Haare hinter das Gesicht kleben.

6 Das gelbe Schild auf die Mütze kleben und den Mützenrand hinzufügen. Die Mütze oben auf dem Gesicht befestigen, indem man beide Enden rechts und links hinter den Haaren einfügt. Das rechte Ohr dahinter kleben.

7 Nun erst den Kopf auf den Körper und dann das linke Ohr dahinter kleben. Mit schwarzem Fineliner den Mund aufzeichnen und die Augen umranden. Mit dem weißen Lackstift Akzente setzen.

8 Das Krepppapier oben in die Tüte kleben. Die rote Spitze zusammenkleben und unten an der Tüte befestigen. Die roten Spitzen nach außen biegen.

9 Oben die Aufkleber für den Namen ankleben und die blauen Rauten rings um den oberen Rand der Schultüte kleben.

10 Den Spieleheld mit Heißkleber auf die Schultüte kleben.

11 Die Schultüte füllen und mit einem roten Schleifenband verschließen.

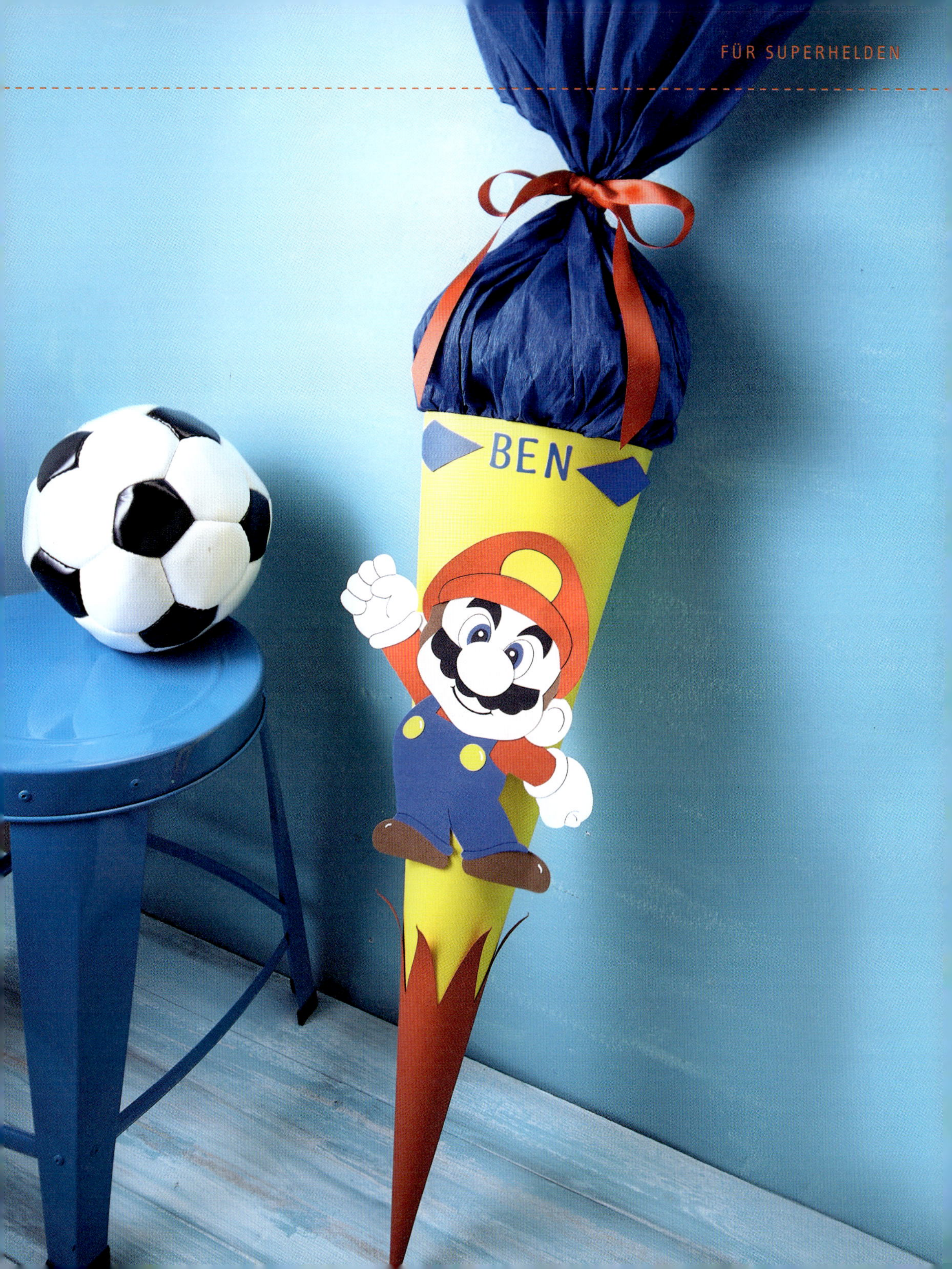
BEN

Prinzessin

schick für den Ball

MOTIVGRÖSSE
29 cm x 17 cm

MATERIAL

* Fotokartonreste in Weiß, Creme, Gelb, Pink, Rosa und Silber
* Glitzerkarton in Pink und Rosa, 2x A4
* Buntstift in Rosa, Pink und Hellblau
* Lackstift in Weiß
* Fineliner in Schwarz
* Heißkleber
* Nähgarn in Weiß
* 11 Wäscheklammern
* Motivlocher Herz, 1,5 cm
* 10 Strasssteine in Silber, ø 5 mm
* 13 Herzen in Rosa, 2 cm breit
* Schultütenrohling in Pink, 70 cm lang
* Krepppapier in Weiß, 50 cm hoch, 2,5 m lang
* Schleifenband in Rosa, 1,5 cm, 80 cm lang
* Tüllrand in Pink, 25 cm breit, 70 cm lang
* Tüll zum Verschließen, 25 cm breit, 60 cm lang

VORLAGE
Bogen B und D

1 Alle Motivteile nach der Grundanleitung auf Fotokarton übertragen und mit einer Schere oder Silhouettenschere zuschneiden. Schultütenspitze à 25 cm aus Glitzerpapier anfertigen.

2 Auf den pinken Rock zuerst den rosa Glitzerrock, dann den pinken Glitzerrock und dann den goldenen Rock kleben.

3 Auf das pinke Oberteil zuerst das goldene Oberteil kleben und dann das rosafarbene. Nun die weiße Spitze oben dahinter kleben.

4 Den Hals hinter das Oberteil kleben. Nun an beiden Seiten die Arme hinter dem Oberkörper befestigen.

5 Die Ärmel folgendermaßen aufsetzen: Zuerst den pinken Ärmel auf den rosafarbenen kleben, sodass beide Enden an beiden Seiten dahinter geklebt werden. Nun den Arm dahinter kleben und den Handschuh auf die Hände kleben. Jetzt den zweiten Ärmelrand von hinten anfügen. Alles unten auf den rosa Arm und halb auf den Rock kleben.

6 Den Kopf unten auf den Hals kleben und oben auf die vorderen Haare. Nun die silberne Krone oben hinter den Haaren befestigen. Den Kopf nun auf das große Haarteil kleben, wobei die rechte obere Strähne über der Krone befestigt wird.

7 Mit einem schwarzen Fineliner die Haare und die Finger aufzeichnen. Das Gesicht aufzeichnen. Um die Pupille einen hellblauen Irisrand malen und mit einem weißen Lackstift Lichtpunkte setzen. Die Lippen mit pinkem Buntstift ausmalen und mit einem Wattestäbchen zwei rosa Wangen aufreiben.

8 Die Herzen und Strasssteine auf das Kleid kleben.

9 Den pinken Tüllstreifen für den Rand alle 6 cm zusammenknoten. Dann den Rand mit Wäscheklammern oben am Rand befestigen. Von hinten anfangen und den Rand Stück für Stück um den Schultütenrohling kleben. Hinten den Rest Tüll abschneiden und verkleben. Auf die Knoten zehn gestanzte Glitzerherzen kleben.

10 Das Krepppapier in die Tüte kleben und unten die Spitze anbringen. Um die Spitze acht weiße Herzen kleben. Die Prinzessin auf die Tüte kleben.

11 Die Tüte füllen und mit dem Tüllstreifen verschließen. Eine rosa Schleife auf den Knoten kleben und ein Glitzerherz platzieren.

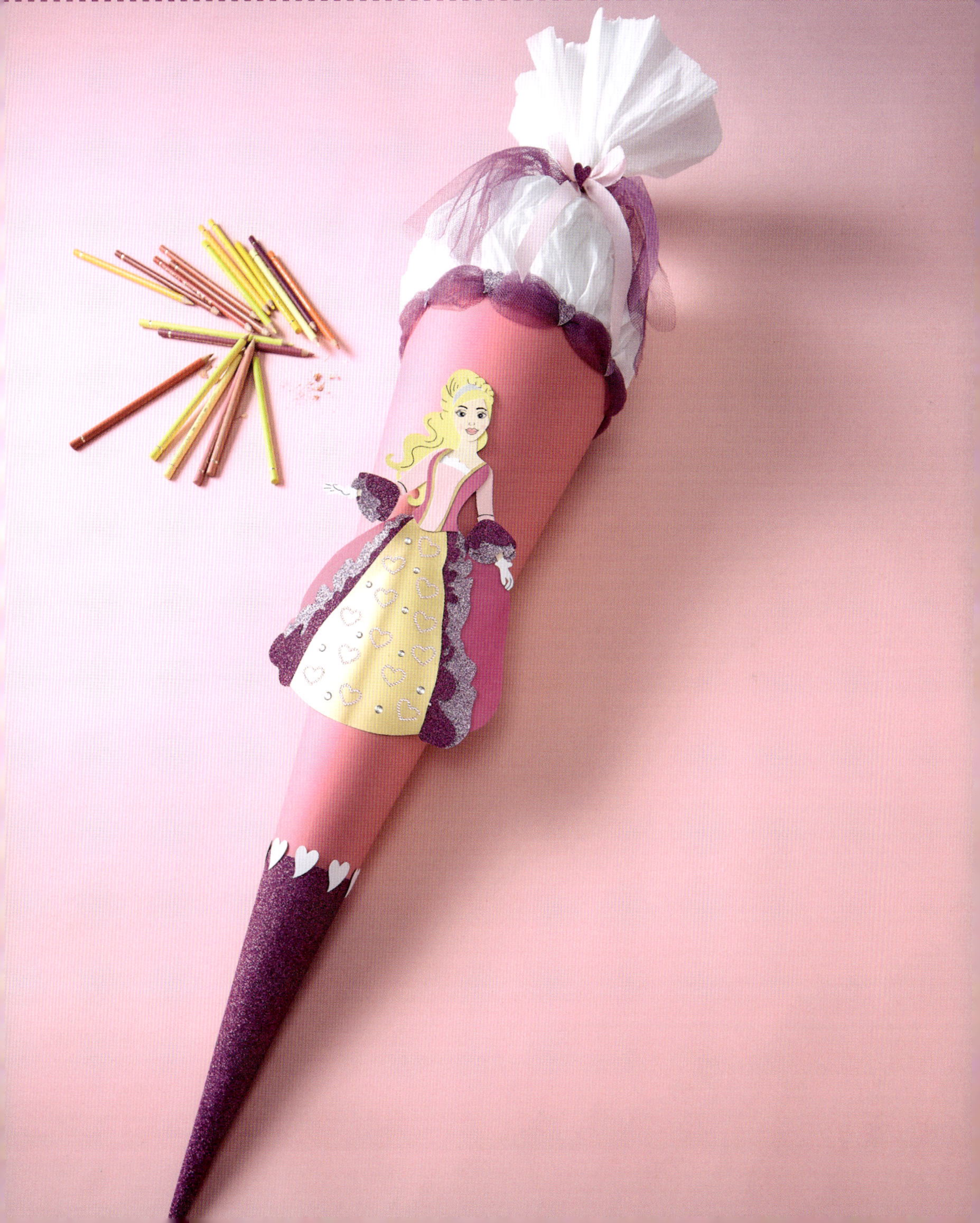

Schneekönigin

verzaubert die Winterwelt

MOTIVGRÖSSE
28 cm x 15 cm

MATERIAL

* Fotokartonreste in Weiß, Creme und Gelb
* Glitzerkarton in Hellblau und Türkis, 2x A4
* Glitzerkarton in Dunkelblau, A4
* Buntstift in Hellblau, Rosa, Rot und Dunkelbraun
* Lackstift in Weiß
* Fineliner in Schwarz
* Filz in Hellblau, A5
* 78 Strasssteine in Silber, ø 4 mm
* 15 Strasssteine In Hellblau, ø 5 mm
* Motivlocher „Schneeflocke", ø 2,5 cm
* Heißkleber
* Schultütenrohling irisierend, 6-eckig, 68 cm hoch
* Krepppapier in Weiß, 1,50 m lang, 20 cm hoch
* Krepppapier in Hellblau, 1,50 m cm lang, 40 cm hoch
* Schleifenband in Weiß, 2,5 cm breit, 90 cm lang

VORLAGE
Bogen A und D

1 Alle Motivteile für die Schneekönigin nach der Grundanleitung auf Fotokarton übertragen und mit einer Schere oder Silhouettenschere zuschneiden. Schultütenspitze in Glitzerblau à 21 cm anfertigen.

2 Hinter das dunkelblaue Kleid den türkisfarbenen Streifen kleben und dann nochmal den dunkelblauen Streifen des Kleides ankleben.

3 Hinter beide Ärmel die Hände und den rechten Arm auf das Kleid kleben. Den linken Arm rechts hinter dem Kleid befestigen.

4 Die Schultern und den Hals aus cremefarbenem Fotokarton oben hinter dem Kleid befestigen.

5 Nun den Kopf auf den Hals und die Haare auf den Kopf kleben.

6 Das Gesicht mithilfe von Buntstiften und schwarzem Fineliner aufzeichnen. Die Frisur mit schwarzem Fineliner auf die Haare malen. Die Finger einzeichnen.

7 Mit dem Motivlocher Schneeflocken ausstanzen: 15 weiße Schneeflocken und 6 hellblaue Glitzer-Schneeflocken.

8 Die Schultüte zusammenkleben und oben das Krepppapier einkleben.

9 Die Schultütenspitze unten an die Schultüte kleben.

10 Die hellblauen Strasssteine auf die weißen Schneeflocken kleben und die silberfarbenen Strasssteine auf die glitzerhellblauen Schneeflocken kleben.

11 Für den oberen Rand 6 Halbkreise aus dem hellblauen Filz ausschneiden und ankleben. Die glitzerhellblauen Schneeflocken auf die Halbkreise kleben.

12 Die Schneekönigin mit Heißkleber oben auf die Schultüte kleben.

13 Eine weiße Schneeflocke über der Hand ankleben und die anderen auf der Spitze befestigen. Silberfarbene Strasssteine als Schnee auf der gesamten Schultüte verteilen.

14 Die Schultüte füllen und mit dem Schleifenband zubinden.

Mein Tipp für Sie

Das Gesicht mithilfe von Transparentpapier übertragen.

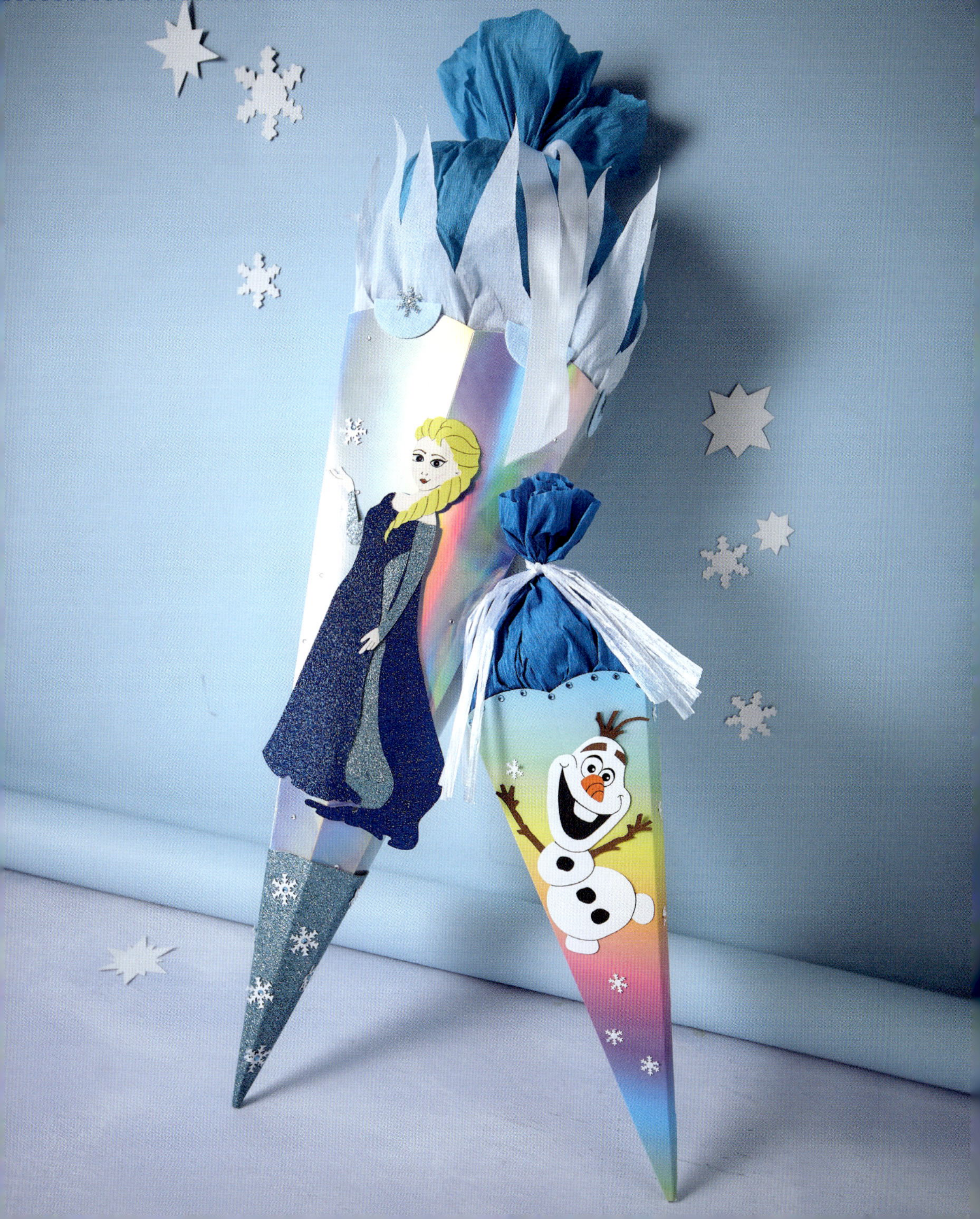

Der lustige Schneemann

sorgt immer für gute Laune

MOTIVGRÖSSE
20 cm x 13 cm

MATERIAL
* Fotokarton in Weiß, A4
* Fotokartonreste in Orange, Braun und Schwarz
* Lackstift in Weiß
* Fineliner in Schwarz
* Heißkleber
* Schultütenrohling in Regenbogenfarben, 6-eckig, 40 cm hoch
* Edelbast in Weiß, 3 m lang
* Krepppapier in Blau, 30 cm hoch, 1 m lang
* Motivlocher Schneeflocke, ø 1,6 cm
* 24 Strasssteine in Blau, ø 5 mm

VORLAGE
Bogen B

1 Alle Motivteile nach der Grundanleitung auf Fotokarton übertragen und mit einer Schere oder Silhouettenschere zuschneiden.

2 Die schwarzen Punkte auf den Schneemannkörper aufkleben.

3 Die Augen mit einem Fineliner oval aufmalen und die Nase davor hinzufügen. Oben die braunen Augenbrauen platzieren.

4 Den schwarzen Mund auf den Kopf kleben und die weißen Zähne ergänzen.

5 Nun die braunen Haare oben hinter den Kopf kleben.

6 Beide braunen Arme hinter dem Körper arrangieren.

7 Die Schneekugeln mit einem schwarzen Fineliner einzeichnen und alle restlichen Linien hinzufügen.

8 Das Krepppapier in die Schultüte einfügen.

9 Das Motiv mit Heißkleber auf die Schultüte kleben.

10 Die Strasssteine am oberen Rand und die Schneeflocken auf der Schultüte verteilt anbringen.

11 Die Schultüte füllen und mit weißem Edelbast verschließen.

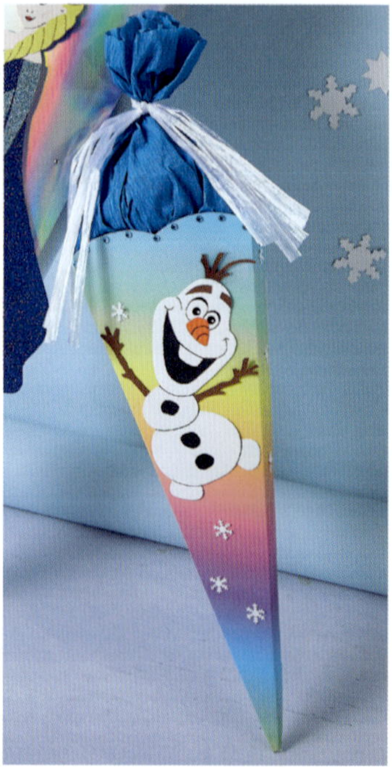

Maus mit Flausen im Kopf

spielt gerne Streiche

MOTIVGRÖSSE
30 cm x 18 cm

MATERIAL

* Fotokarton in Weiß und Schwarz, A3
* Fotokarton in Gelb, A4
* Fotokartonreste in Creme, Rosa und Rot
* Lackstift in Weiß
* Fineliner in Schwarz
* Heißkleber
* Schultütenrohling in Dunkelblau, 6-eckig, 68 cm hoch
* Krepppapier in Gelb, 40 cm hoch, 2 m lang
* Krepppapier in Rot, 50 cm hoch, 2 m lang
* Schleifenband in Weiß, 2,5 cm breit, 1,5 cm lang
* Buchstaben-Aufkleber in Rot
* Motivlocher Kreis, ø 4 cm
* Motivlocher Kreis, ø 1,5 cm
* Motivlocher Kreis, ø 8 mm

VORLAGE
Bogen A und B

1 Alle Motivteile nach der Grundanleitung auf Fotokarton übertragen und mit einer Schere oder Silhouettenschere zuschneiden. Die Schultütenspitze in Weiß, 21 cm, anfertigen.

2 Die rote Hose auf den Bauch kleben und die weißen Knöpfe ergänzen. Den Schwanz hinter die Hose kleben.

3 Unten die gelben Schuhe hinter die Beine kleben.

4 Den rechten Handschuh auf den Arm kleben und den linken Arm auf den Handschuh kleben.

5 Das cremefarbene Gesicht auf den schwarzen Kopf kleben.

6 Die schwarzen Pupillen auf die weißen Augen kleben und diese auf das Gesicht. Die Nase unter die Augen befestigen.

7 Die rosa Zunge auf den Mund kleben und diesen unter der Nase platzieren.

8 Mit einem weißen Lackstift Lichtpunkte in Augen, Nase und Ohren setzen. Mit einem schwarzen Fineliner die Handschuhe, Schuhe und Knöpfe bemalen und Mundlinien und Augenumrandungen hinzufügen.

9 Erst das gelbe, dann das rote Krepppapier in die Tüte kleben. Nun die weiße Spitze anbringen.

10 Den gelben Rand oben auf die Tüte kleben. Nun 8 Kreise in Weiß à 4 cm ausstanzen und die Mäuseköpfe in Schwarz draufkleben. Die Kreise oben am Rand der Tüte platzieren. Einen roten Kreis mit Mauskopf auf die Spitze kleben.

11 Das Motiv mit Heißkleber auf die Schultüte kleben. Über das Motiv den Namen kleben.

12 Die Tüte füllen und mit einem weißen Schleifenband verschließen.

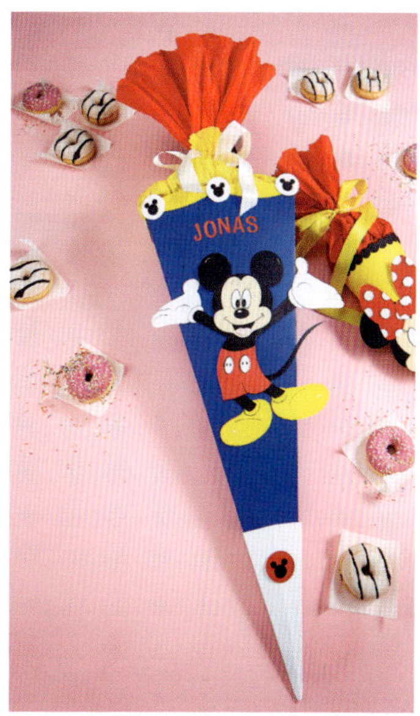

Mäusedame mit Schleife

ist auch dabei

MOTIVGRÖSSE
17 cm x 15 cm

MATERIAL

* Fotokarton in Gelb, 50 cm x 70 cm
* Fotokarton in Schwarz, A4
* Fotokartonreste in Weiß, Creme und Rosa
* Lackstift in Weiß
* Fineliner in Schwarz
* Heißkleber
* Schultütenrohling in Gelb, 35 cm hoch
* Krepppapier in Rot, 30 cm hoch, 1 m lang
* Schleifenband in Gelb, 2,5 cm breit, 1,5 cm lang
* Motivlocher Kreis, ø 1,5 cm

VORLAGE
Bogen B und C

1 Alle Motivteile nach der Grundanleitung auf Fotokarton übertragen und mit einer Schere oder Silhouettenschere zuschneiden.

2 Die Ohren hinter den Kopf kleben.

3 Nun das cremefarbene Gesicht auf den schwarzen Kopf kleben.

4 Die Zunge auf den Mund kleben und diesen mit der Nase aufs Gesicht platzieren.

5 Die schwarzen Pupillen auf den weißen Augen befestigen und beide Augen über die Nase kleben.

6 Die weißen Punkte auf der Schleife befestigen und die Schleife dann oben auf den Kopf setzen.

7 Mit dem weißen Lackstift Lichtpunkte auf die Nase und in die Augen setzen.

8 Das rote Krepppapier in die Tüte kleben. An den Rand schwarze Punkte kleben.

9 Das Motiv mit Heißkleber auf die Schultüte kleben.

10 Die Tüte füllen und mit einem gelben Schleifenband verschließen.

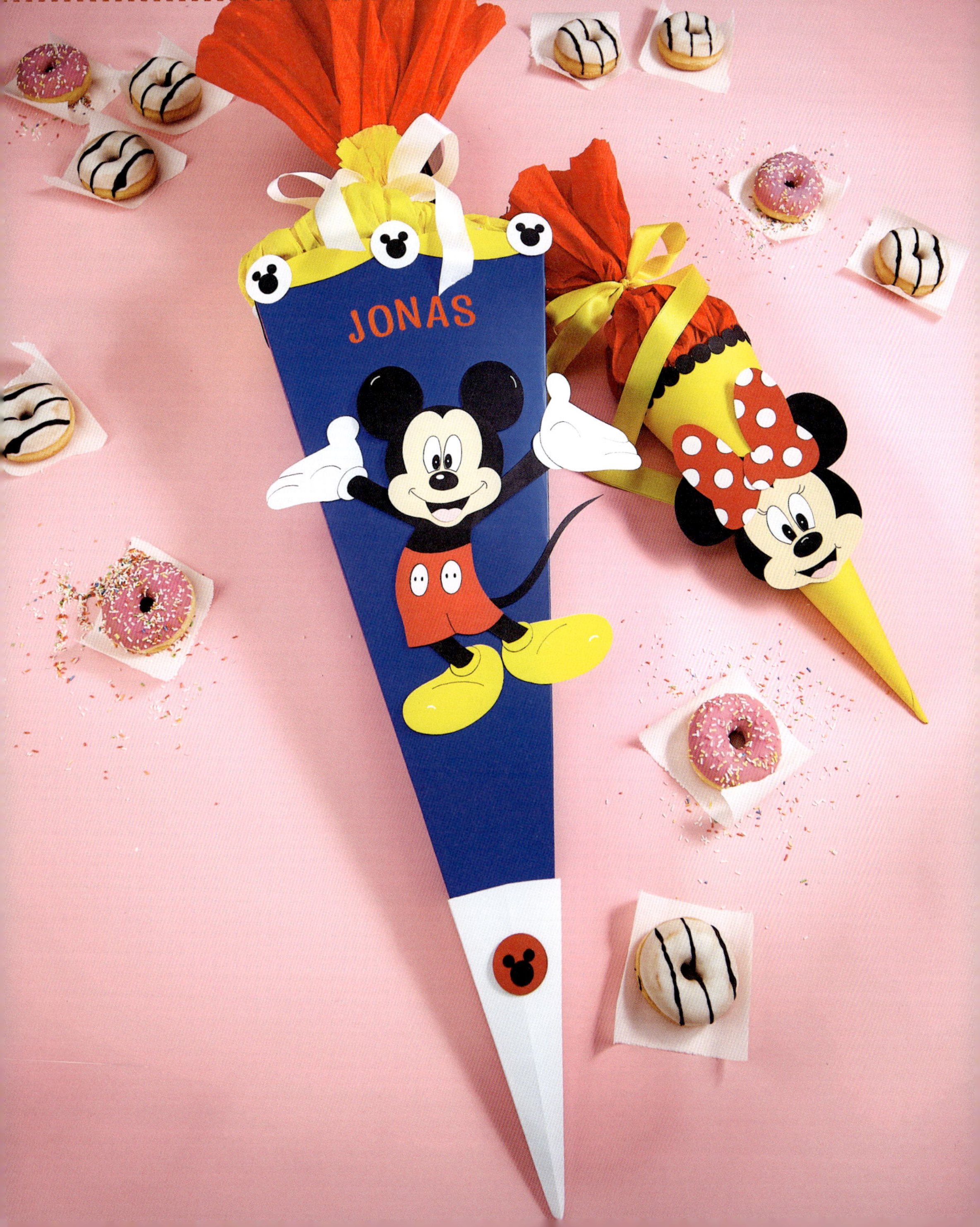
JONAS

Pferdefreundinnen

immer im Sattel

MOTIVGRÖSSE
30 cm x 18 cm

MATERIAL

* Fotokarton in Weiß, Pink und Hellblau, A3
* Fotokartonreste in Creme, Beige Gelb, Rosa, Orange, Mittelblau, Hellgrau, Hellbraun, Schwarz und Silber
* Tonpapierreste in Weiß und Pink
* Lackstift in Weiß
* Fineliner in Schwarz
* Edding in Schwarz
* Buntstift in Rosa, Hellblau und Braun
* Motivlocher Pferd, ø 3 cm
* Heißkleber
* Locher
* Wattestäbchen
* Schultütenrohling in Regenbogenfarben, 6-eckig, 68 cm hoch
* Krepppapier in Hellgrün, 50 cm hoch, 2,50 lang
* Schleifenband in Pink, 2,5 cm breit, 1 m lang
* Satinband in Hellgrün, 5 mm breit, 2m lang

VORLAGE
Bogen D

1 Alle Motivteile nach der Grundanleitung auf Fotokarton übertragen und mit einer Schere oder Silhouettenschere zuschneiden.

2 Beide Pferde werden gleich gearbeitet, nur seitenverkehrt: Zuerst die Mähne auf den Pferdekörper kleben, dann das Halfter ergänzen. Nun die Siegerrosette zusammensetzen und oberhalb des Halfters ankleben. Mit schwarzem Fineliner Augen, Nüstern, Maul und Ohr aufmalen und alles auf dem blauen Hintergrund anordnen.

3 Die beiden Mädchen fertig basteln und dann auf den Hintergrund setzen.

4 Das linke Mädchen erhält gelbe Haare. Den Hals unter den Kopf kleben und den rosa Pullover ergänzen. Die Haarstruktur mit Fineliner aufzeichnen.

5 Für das rechte Mädchen den Kopf auf den Hals kleben. Dann den Kopf über die Haare einschieben und das zweite Haarteil aufkleben. Den weißen Pullover auf den Hals kleben.

6 Nun zuerst das brünette Mädchen auf den Hintergrund kleben und das blonde Mädchen unten darüber setzen. Beiden Figuren das Gesicht aufmalen und die Wangen mithilfe eines Wattestäbchen und rosa Buntstiftabrieb auftragen.

7 Das Hufeisen mit schwarzem Edding bemalen und zwischen die Pferdeköpfe kleben.

8 Zum Schluss das pinke Herz auf das hellblaue kleben.

9 Das grüne Krepppapier in die Schultüte kleben. Die silbernen Hufeisen mit Edding bemalen, auf den weißen Untergrund kleben und oben um den Rand der Schultüte platzieren.

9 Das Motiv mit Heißkleber auf die Schultüte kleben. Weiße und pinke Pferde ausstanzen und auf der Tüte und dem Verschluss verteilen.

10 Die Tüte füllen und mit dem pinken und grünen Schleifenband verschließen. Das Krepppapier oben einschneiden.

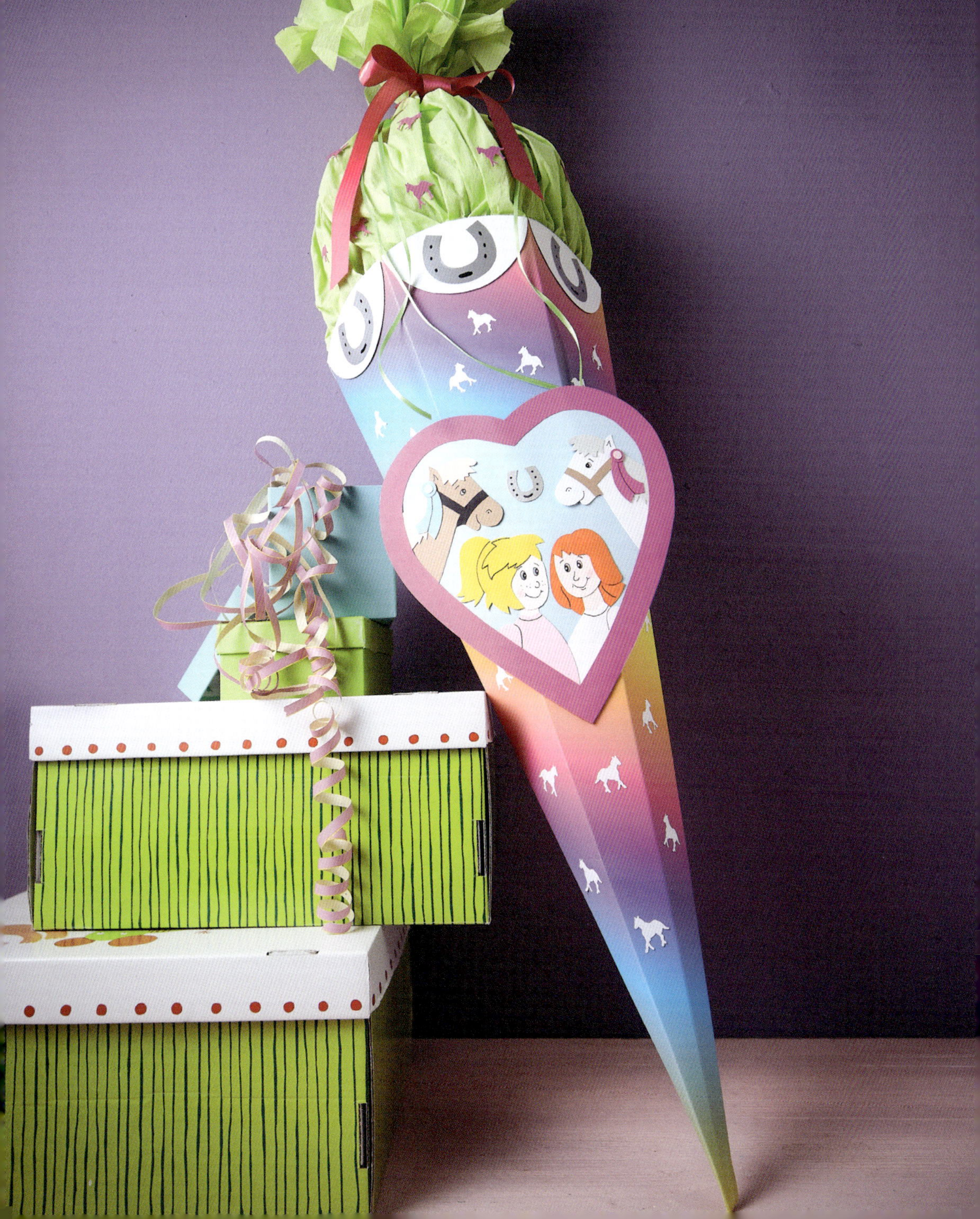

Spinnenmann

rettet die Welt

MOTIVGRÖSSE
24 cm x 18 cm

MATERIAL
- Fotokartonreste in Weiß, Rot, Blau und Schwarz
- Lackstift in Weiß
- Fineliner in Schwarz
- 6 Schwarze Plastikspinnen, ø 2 cm
- Halloween Spinnennetz
- Heißkleber
- Schultütenrohling in Schwarz mit Filzmanschette, 70 cm lang
- Schleifenband in Rot, 2,5 cm breit, 70 cm lang

VORLAGE
Bogen B

1 Alle Motivteile für den Spinnenmann nach der Grundanleitung auf Fotokarton übertragen und mit einer Schere oder Silhouettenschere zuschneiden.

2 Den roten Panzer auf den blauen Oberkörper kleben.

3 Den linken Arm hinter den roten Panzer kleben und den rechten Arm auf den roten Panzer kleben.

4 An beiden Armen die roten Hände dahinter kleben. Beide Arme erhalten vorne noch die roten Spinnennetzbehälter.

5 Auf den blauen Oberkörper unten rechts und links die Beine kleben. Unten die roten Schuhe ergänzen.

6 Den Kopf aufkleben. Erst die Schwarzen Augen anbringen und darauf die weißen Augen befestigen.

7 Mit einem weißen Lackstift auf Kopf und rotem Panzer die Spinnennetze aufmalen.

8 Die schwarze Spinne mit einem Fineliner mittig auf den Körper zeichnen.

9 Alle restlichen Linien mit einem schwarzen Fineliner aufmalen.

10 Das Motiv oben auf der Schultüte mit wenig Heißkleber aufkleben.

11 Unten um die Schultüte das Halloweenspinnennetz ringsherum mit wenig Heißkleber ankleben.

12 Die Plastikspinnen im Spinnennetz verteilen und mit Heißkleber befestigen.

13 Die Tüte füllen und mit einem roten Schleifenband eine Schleife binden.

Mein Tipp für Sie

Man kann über dem Spinnenmann mit Aufkleber-Buchstaben noch den Wunschnamen hinzufügen.

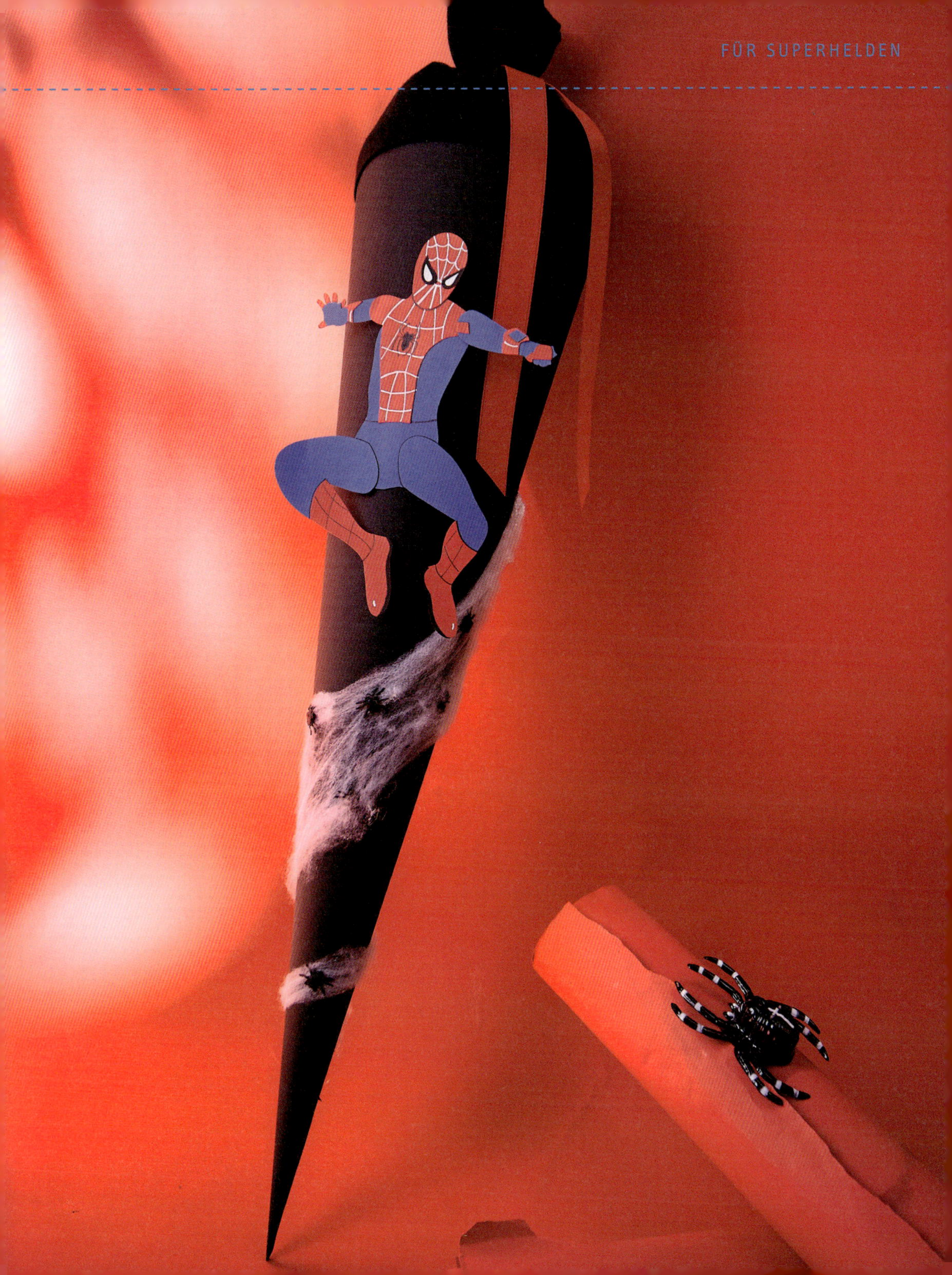

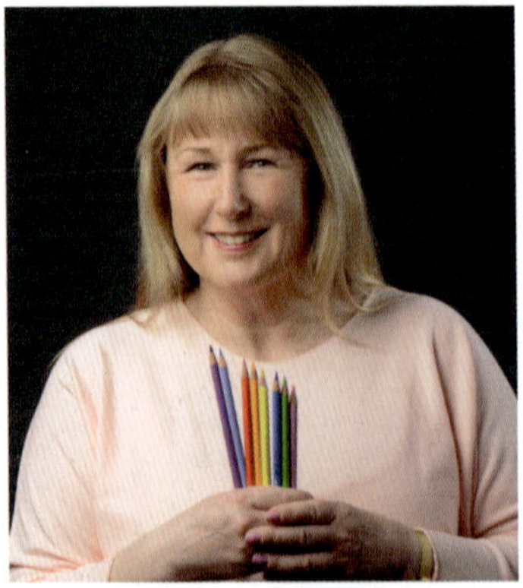

Anja Ritterhoff veröffentlicht seit 1996 Bücher zum kreativen Gestalten im frechverlag. Sie hat über 60 Bastelbücher entworfen. Zu ihrem Lieblingsmaterial zählt Papier.
Sie ist Erzieherin und lebt mit ihrer Familie in Lübeck. Hier gibt sie gerne Kreativkurse. In ihrer Freizeit malt sie Acrylbilder und Motive zur Geburt und Taufe. Weitere Vorlagen von ihr findet man auf ihren Social-Media-Kanälen: (Instagram: @kreativfee_anja_ritterhoff; HYPERLINK „http://www.ritterhoff.de" www.ritterhoff.de)
Schreiben Sie mir gerne bei Fragen, Anregungen oder Wünschen unter anja@ritterhoff.de

DANKE!

Ich danke den Firmen Buntpapierfabrik Ludwig Bähr GmbH & Co. KG, Max Bringmann KG – folia und Rayher Hobby GmbH für die großzügige Materialunterstützung sowie Meike und Angelika.

TOPP – Unsere Servicegarantie

WIR SIND FÜR SIE DA! Bei Fragen zu unserem umfangreichen Programm oder Anregungen freuen wir uns über Ihren Anruf oder Ihre Post. Loben Sie uns, aber scheuen Sie sich auch nicht, Ihre Kritik mitzuteilen – sie hilft uns, ständig besser zu werden.

Bei Fragen zu einzelnen Materialien oder Techniken wenden Sie sich bitte an unseren Kreativservice:
hilfe@frechverlag.de
Telefon 0711 / 123 757 20

Das Produktmanagement erreichen Sie unter:
pm@frechverlag.de
oder:
frechverlag
Produktmanagement
Dieselstraße 5
70839 Gerlingen
Telefon 07 11 / 8 30 86 68

LERNEN SIE UNS BESSER KENNEN! Fragen Sie in Ihrem Hobbyfach- oder Buchhandel nach unserem kostenlosen Magazin „Meine kreative Welt" darin entdecken Sie zweimal im Jahr die neuesten Kreativtrends und interessantesten Buchneuheiten.

Oder besuchen Sie uns im Internet! Unter www.topp-kreativ.de können Sie sich über unser umfangreiches Buchprogramm informieren, unsere Autor:innen kennenlernen sowie aktuelle Highlights und neue Kreativtechniken entdecken, kurz – die ganze Welt der Kreativität.

Kreativ immer up to date sind Sie mit unserem monatlichen Newsletter mit den aktuellsten News aus dem frechverlag, Gratis-Bastelanleitungen und attraktiven Gewinnspielen.

IMPRESSUM

FOTOS: frechverlag GmbH, 70839 Gerlingen; lichtpunkt, Michael Ruder, Stuttgart; Anja Ritterhoff (alle Arbeitsschrittfotos)
PRODUKTMANAGEMENT und LEKTORAT: Lara Franke, Eva Schrecklinger
HERSTELLUNG: Katrin Röhlig
COVERGESTALTUNG: Petra Schmidt
SATZ: Fotosatz H. Buck
DRUCK: DZS Grafik, Slowenien

MIX
Papier | Fördert gute Waldnutzung
FSC® C106600
www.fsc.org

Penguin Random House Verlagsgruppe
FSC® N001967

2. Auflage 2024

ISBN 978-3-7358-5201-4 • Best.-Nr. 25201